原訳

# 「法句経《ダンマパダ》」一日一話

スリランカ仏教界長老

A・スマナサーラ

佼成出版社

# はじめに

「ダンマパダ」は宗教宗派の違いを超えて、世界中の人びとに愛されている経典の一つです。日本では「法句経《ほっくきょう》」として知られ、書物としても、たくさんの人びとに愛読されています。その多くは学者たちがさまざまな文献をもとに地道な研究をつづけ、日本人の感性で翻訳されたものです。原文のパーリ語から直接日本語に翻訳されたもので、しかもお釈迦さまの教えを生活のなかで実践するという視点から書かれたものは、ほんのわずかしかありません。

わたしは「お釈迦さまのことばにいちばん近い経典」と言われるパーリ語の「ダンマパダ」を日本語に直訳し、一人でも多くの人にお釈迦さまの教えを伝えたい、と願っています。

いちばん大切なことは、その教えをどのように理解し、日常生活のなかでどう実践するか、ということです。経典を読みますと、お釈迦さまの説法は、たいへんな迫力があったのだろうと思います。たとえば富豪でよい暮らしをしていた人が、散歩の途中ではじめてお釈迦さまに出会う話があります。説法を聞いただけで、その人はもう家には帰らず、そのまま出家してしまったそうです。お釈迦さまは人びとにたいして「これはよくないから、やめなさい」としかることもなく、「ああしなさい、こうしなさい」と命令することもありません。もちろん「地獄に堕ちる」「罰が当たる」などといって、人びとを脅し束縛することもありませんでした。たとえ、説法に疑問を投げかける人がいたとしても、それをとがめるようなことはけっしてされませんでした。お釈迦さまには、その場でただちに人びとを苦しみから解き放ってしまうほどの力があったのでしょう。

では、お釈迦さまは「なにかを信じなさい」というように「特別な信仰」を人びとに伝えたのでしょうか。いいえ、そうではありません。つねに「客観的な事実」を説かれたのです。まるで弁護士のように、「これはどう考えますか。では、こういうことはどう思いますか」と相手に訊くのです。その問いに答えていくうちに、相手は「ああ、なるほどそういうことか」と真理をつかんでしまうのです。すると相手はみずからの意志で「じゃあ、やってみよう。これをためしてみよう」と決めて実行するわけです。実践するか否かはあくまで個人の意志にまかされるのです。

これからお話ししようとする「ダンマパダ」とは、「真理のことば」という意味です。「ダンマ」とは、「教え」とか「真理」という意味で、「パダ」とは、厳密に集約した短いことばのことです。アインシュタインの相対性理論が、E＝$mc^2$であらわされるように、真理というものは、方程式のように濃縮された表現になります。「ダンマパダ」には、そのような真理が説かれています。お釈迦さまは、真理とは「普遍的でなければいけない。矛盾があってはいけない。例外があってはいけない。だれもが実践できることでなくてはいけない」と述べられています。この「ダンマパダ」を、「いいことばだなあ」と名言のように味わうだけではもったいないことです。教えは、実生活に活かされてはじめて意味をもちます。

そこで本書では、お釈迦さまの教えを「一日一話」というかたちでまとめ、それぞれにわたしの説法を添えました。ですから、はじめから順番に読まなくても、自分の好きなところから読むことができます。大切なことは、お釈迦さまの教えを少しずつでも実践することです。そうすれば、人生の悩みや苦しみを乗り越えていくことができるでしょう。「なるほどお釈迦さまのことばは真理だ」と、自分自身の実感としてつかむことができるはずです。その喜びをとおして、一人でも多くの人が平和で幸せな人生を歩んでいくことを心から祈っています。

# 目次

装幀・レイアウト▼巖谷純介

# 1

## 怒るといちばん最初に自分が汚染される

じつにこの世においては、
怨みにたいして怨みを返すならば、
ついに怨みの鎮まることがない。
怨みを捨ててこそ鎮まる。
これは普遍的な真理である。（五）

怒りは、自分も他人も破壊してしまいます。いやなことをされて、「憎しみをもつのは当然だ」といって怒りをいだけば、その怒りによって、さらに自分が苦しくなります。腹を立てたとき、いちばん最初に怒りに汚染されるのは自分自身です。腹を立てて、だれが不幸になるかというと、憎しみに満ちている自分自身なのです。心は汚れ痛んで、悪い報いをまず自分が味わってしまうのです。怒って相手を攻撃しようとしても、相手はそれによって困ることもあるし、まったく困らないこともあるでしょう。しかし、自分が怒りで汚染されることだけはたしかなことです。

あなたが、ある人を憎んでいるとします。しかし、相手はあなたが憎んでいることを知らなければ、相手にとっては、どうってことはないのです。あなたの怒りを知っていても、気にしなければ、それだけのことでしょう。怒るのは、汚物を投げつけるようなものです。投げつけるためには、まず自分がその汚物を手に取らなくてはなりません。自分で自分の手を汚すのです。汚物を投げつけても、相手がひょいとよけたとしたら、汚れるのは自分だけです。さらに、人を憎むと、憎んでいる相手と、いつもいっしょにいることになります。憎んでいる相手が、いつも心のなかにいて、いつも思いだされるからです。だから、ますます苦しむことになります。衣服に一つの小さな汚れがついたとします。その汚れを取るために、あっちこっち拭いて、汚れを広げる必要はありません。それは放っておけばいいのです。

そのように、相手から受けた怨みは放っておけばよいのです。たとえ相手が悪人であっても、みずからが怒りや憎しみをいだいたら、自分自身が損をするだけなのです。自分が怒りで汚れてしまえば、自分も悪人も、もうすでにどこか似ているのです。

# 2

## 怒りは自分を破壊し他人を破壊する

怒りには、怒らないことによって勝てる。
悪事には、善い行為で勝てる。
物惜しみには、分かち合うことによって勝てる。
真実によって、虚言の人に勝てる。（二二三）

嫉妬、物惜しみ、後悔、憎しみ、悩み、陰気、いらだち、いやな気持ち……。仏教でいう「怒り」とは「腹を立てていきどおる」という意味だけでなく、「ものごとを素直に受け入れられずに、心のなかで対立している働き」もあらわしています。

怒りには破壊するエネルギーがあります。まず最初に破壊するもの、それは自分自身です。体のなかに火が生まれて、自分を燃やし始めます。それは毒を飲むことと同じです。よく怒る人は、体が悪くなって早く老けてしまいます。いちばん先に影響を受けるのは内臓です。じわじわと内臓が悪くなって、やがてあちこちに痛みが生じます。そうして、胃潰瘍になったり、ガンになったりします。そして怒りは自分を破壊するだけでなく、周りの人びとにも悪影響を与えます。和やかなところに、怒っている人があらわれると、雰囲気が一瞬にして硬直してピリピリします。強烈な怒りの波動を周囲に発して、みんなの穏やかな心を破壊してしまうのです。

世の中のあらゆる破壊の原因は、怒りにあります。国の政治を司る人が怒りに燃えていると、その国は戦争を起こすかもしれません。世界の歴史を観ると、そういう愚かな事例がたくさんあります。だから怒ってはいけません。いくら自分が正しくて相手が間違っていても、けっして人を怒らせてはなりません。

ある人が、わたしにたいして、なにか気にくわないことがあって怒ったとします。それにたいしてわたしが怒れば、相手の怒りはさらに「怒るとはなにごとか！」と増幅するでしょう。わたしもまた応酬して怒れば、相手はもっと怒りをつのらせます。このように、いちど怒りを起こすと、それは二倍、四倍、八倍……と、怒りの炎はどんどんと燃え盛っていくのです。まるで小さなマッチの火が、木から森に、森から山へつぎつぎと燃え移っていくように、たった二人の喧嘩の火種が、ときには国と国との戦争をも引き起こすことさえあります。

だから、なにを言われても、なにをされても、自分の心に怒りの火を点けないことです。人からののしられたり、「ぶんなぐるぞ」と言われても、「ああ、この人はわたしにかなり怒っているなあ」――ただ、そう受け取るだけでいいのです。そうすれば、それ以上はなにも起こりません。わざわざ争いの渦に飛び込むことはないのです。

## 3

# 生きるということは他の生命を奪うこと

すべての者は暴力におびえる。すべての（生きもの）にとって生命は愛しい。みずからの身にひきくらべて、殺してはならない。殺させてはならない。（一三〇）

みずからが幸せになろうと思って、そのために幸せを求めている他人に暴力でもって害するならば、その人は幸せを得られない。（一三二）

わたしが平和で生きていたいように、他者も同じように平和に生きていたいのです。わたしが殺されたくないように、他者も同じように殺されたくないのであす。だから「いじめられたくない。けなされたくない。殺されたくない」のであれば、他者にたいして、そのようなことをしてはなりません。「わたしを殺すな。しかし、わたしはあなたを殺すぞ」とか「わたしをけなすな。でも、わたしはあなたをけなす」という理屈は成り立ちません。

では人間以外の生命ならば、殺生をしてもよいのでしょうか。ゴキブリにもアリにも、生きとし生けるものすべてに、堂々と生きる権利があります。わたしたちに、かれらの生命を奪う権利などないのです。他者の権利を奪えば、自分の権利がなくなってしまうことを覚悟しなければなりません。

しかし、わたしたちは、他の生命を奪わなければ生きていられません。石や土は食べられません。「殺したくない、殺したくない」と、じーっとしていれば、自分が死んでしまいます。生きるということは、他の生命を奪うことでもあります。これまで生きてきたのは、多くの生命を奪ってきた証なのです。

わたしたちは、大きな自然から、生命という布施をいただいて生きています。だからお返しをしなければならないわけです。しかし、わたしたちは大きな借りばかりつくっていて、その借りはとても返せそうにありません。わたしたちが生きているのは、ある意味では、恐ろしいことであり、罪深いことなのです。その実感が生じたとき、心に一つの転換が起こります。そこから、心を浄めていく道が始まるのです。

一人でも多くの人が、そんな生き方に目覚めれば、きっと人間同士が互いの生命を傷つけ合うこともなくなっていくはずです。

# 4

## どんな極悪人でも立ち直る可能性がある

怨みをいだいている人びとのなかにあっても、
われわれは安穏に生きよう。
怨みをもっている人びとのあいだにあっても、
われらは怨みなく安楽に過ごそう。（一九七）

殺人などの罪を犯した者に、わたしたちは大きな怒りや憎しみをいだいて、厳しい処分は当然だと思います。人殺しは悪いことです。しかし、だからといって、犯人を死刑や極刑に処することが、その答えになるのでしょうか。「立ち直るために、なんとかしてあげられないだろうか」という心をもつことが大切だと思うのです。

仏教ではどんな極悪人でも、立ち直る可能性があると教えます。お釈迦さまの弟子には、かつて千人もの生命を奪おうとしたアングリマーラがいます。つぎつぎと人を殺し、「あと一人を殺せば千人」というところで、お釈迦さまに出会ったのです。そんな男でも、出家して悟ることができました。

よく考えてみれば、罪を犯した者だけが悪いのではありません。わたしたちにも、その責任の一端があるのではないでしょうか。その男は、殺人を犯すところまで孤立していたのでしょう。かれが怒りでこりかたまっているとき、なぜ周囲の人がかれの気持ちを理解してあげられなかったのでしょうか。なぜ未然に殺人をやめさせることはできなかったのでしょうか。結果として、それができなかったということは、わたしたちの社会も、同じように罪があるといえるのではないでしょうか。

ましてや未成年が罪を犯したのなら、大人の社会にも責任があります。少年は、犯罪者であって、同時に被害者でもあります。なんとか助けてあげなくてはいけないのです。

キリスト教の「聖書」にも、こんな話があります。律法学者たちが、イエスの前にある女を連れてやってきました。それは姦通《かんつう》の現場で捕らえた女でした。かれらはイエスに「姦通した女は石で打ち殺せと、律法（神との契約によって、神から下された命令）にある。あなたはどう思うか」と詰め寄ります。イエスは、このこう言いました。「あなたたちのなかで罪を犯したことのない者が、まず、この女に石を投げなさい」。すると、一人また一人と立ち去って、その場に残った者はイエスと罪を犯した女だけになりました。そして、イエスは言います。「わたしはあなたを罰しない。帰りなさい。もう、罪を犯してはならない」と。

「あの人が悪い」「上司が悪い」「社会が悪い」「政府が悪い」と批判ばかりする人は、「自分だけは悪くない」と思っている人です。自分のことをかえりみずに、他人を責める生き方をしているのです。しかし、よく自分自身を観察してみれば、自分もまた批判する者と同じようなレベルなのです。

# 5

## すべての争いはプライドがあるから起きる

「かれは、わたしをののしった。
かれは、わたしを害した。
かれは、わたしにうち勝った。
かれは、わたしから強奪した」と
くやしさをもって怨みつづける人には、
怒りはついに鎮まることがない。（三）

「どうしてお茶を入れてくれないのだ」「妻なら当たり前じゃないか」「どうして、親にそんな言い方をするのだ」――などという些細なことで、家族のあいだでも争いが起こることがあります。いずれも「自分のプライドが傷つけられた」と思い込んで腹を立てているのです。

しかし、落ち着いてよく考えてみると、相手はなにも「プライドを傷つけよう」などとは思っていないのです。たんに、忙しかったり疲れていたからだったり、あるいはもともとの性格のためということがほとんどでしょう。日常の些細なことにとらわれたあげく、わざわざプライドをもちだすと、人とぶつかってばかりで、心は平穏ではいられません。

「バカ」と言われたからといって、自分が「バカ」になるわけではありません。その人がそう思っているだけのことなのです。だからいちいち怨みに思い、腹を立てたら自分が損をするだけです。人はプライドのために、戦争さえ起こします。

プライドとは、言い換えれば「自我」です。自我とは「わたしがここにいる」「わたしは偉い」という実感のことです。人間の苦しみ、悲しみ、そして戦争などのあらゆる問題は、この「自我という実感」がつくりだしているのです。

人は「わたし」という自分の尊厳を傷つけられると、心は怒りに満ちてきます。この「わたし」という実感が、「わたしの家族」「わたしの会社」「わたしの国」というふうに拡大され、妄想がふくらんで、そこに大きな争いが起きてしまうわけです。

太平洋戦争のとき、アメリカは日本に原爆を落としました。それは、「世界一強くて偉大な国であるアメリカを日本は侮辱した。だから、わが国の力を見せつけてやるのだ」という思いからでしょう。またニューヨークで「同時多発テロ事件」が起きました。それによって、アメリカはアフガニスタンという小さな国を爆撃しました。さらには、イラクにも攻め込みました。アメリカには、「われらこそ力があって正義の国である。われらは正しいのだ」という強烈な思いがあります。だからアメリカは「正しいわれらを侮辱した者は許さない」と言わんばかりに、国民の愛国心を風船のようにふくらませ、戦争を始めたのです。プライドとは、それほど危険なものなのです。

## 6

# 勝つ人は一人もいない

勝利者が勝ち取るものは敵意である。
敗れた人は苦しんで萎縮する。
心穏やかな人は、勝敗を捨てて安らかに過ごす。（二〇一）

戦って勝つことが、幸福への道ではありません。戦いに挑んでも、勝つ人は一人もいないのです。負けた人は、負けてくやしい思いをします。勝った人は、負けた人に怨まれます。さらに敵がふえる結果になります。ですから、勝ってもいいことはないのです。「人生とは戦って勝つものだ」というような心で生きていたら、至るところで争いを起こし、よけいな苦しみを生むだけです。

日本の社会は、日常の暮らしを戦いの場にしています。幼稚園の入園試験なども、子どもたちに、もう生きるか死ぬかというような戦いをさせています。そのお母さんたちも、服やブランドで競争しています。ただでさえ、苦しむことがいっぱいあるのに、そんな余計なことまでして、苦しみを積み上げているのです。それは、あまりにも不幸な生き方です。わたしたちは「どうでもいいこと」にかこつけて、なんとかして相手をつぶそうとしたり、自分の強さや正しさを示そうとします。いくら平和であっても、「どこか喧嘩するところはないか、だれかやっつける相手はいないか」とさがそうとします。そして、「どうでもいいこと」を見つけては、競争し喧嘩を仕掛けようとしているのです。

なぜ、そのような争いを起こそうとするのでしょうか。

じつは、それが人間のありようだからです。わたしたちには、無限の過去があります。さまざまな生命として、生と死を繰り返してきたのです。人間である以前の、それこそ虫であったような過去から、わたしたちは自分を守るために、相手をつぶすということを繰り返してきました。そのため今もって、そういう争いの心をもちつづけているのでしょう。すべてのものは、完全ではありません。さがそうとすれば、不完全なところはいくらでもあります。だから、そういう欠点だらけの人間同士が、相手の欠点をさがし合っていてもキリがありません。

間違いを指摘したり、相手を攻撃しても、相手の性格が直ることはけっしてありません。お互いに争いの泥沼におちいるだけです。相手のどうでもいいことや、不完全なことをさがしだして争うのではなく、「どこか仲良くできることはないか。どこか共通点はないか」と必死でさがしたほうがいいのです。

仏教には「戦え、頑張れ」という教えはありません。「今ここで戦うよりも、もっとすぐれた道はないか」という「超越した道」を教えます。戦いの泥沼に足を入れずに、戦いを「乗り越える」のです。お釈迦さまは、「聖者は、勝ちも負けも乗り越えて平安に住む」と説かれました。だれかに勝つ必要もないし、だれかに負ける必要もないのです。

だからといって「競争をするな」ということではありません。勝ち負けを争うのではなく、「自分の能力を発揮する」ことに努めるのです。運動会の競走でいえば、勝ち負けを競うのではなく、それぞれが悔いなく自分の力をだしきるのです。自分の能力を発揮することが大事なのです。一等になった人は、勝ったのではありません。それは、自分の能力を発揮したのです。最下位の人も負けたのではありません。自分の能力を発揮したのです。

勝ち負けを争うのではなく、自分の能力を発揮する。そのことによって、自分に適した道が開かれていくのです。

7

# 怒ろうとするとおばあちゃんの顔が浮かぶ

粗暴なことばを言うな。言われた人びとは、あなたにそのまま言い返すだろう。怒りを含んだことばは苦痛である。仕返しがあなたの身に至るだろう。（一三三）

ちょうどこわれた鐘のように、自己が静寂であるならば、あなたは安らぎに達している。そのようなあなたに、怨みなどあるはずはない。（一三四）

スリランカでは、在家の方がわたしたち僧侶を礼拝します。その姿を見ると、出家と在家では、大きな差があると思うかもしれません。でも、日本の人が思うほどに、在家と出家の差はないのです。わたしの子どものころは、在家のおばあちゃんたちがわたしたちを叱って、立派な僧侶になるように教えてくれました。そのおばあちゃんたちは、わたしたちの振舞いに間違いがあれば、今でもわたしたち僧侶を叱りつけたりします。

ある満月の夜のことです。わたしの田舎のお寺で、信者たちが集まって、大きな儀式が催されました。たくさんの参拝者が来るものですから、食事の支度がたいへんです。在家の方々が準備をするのですが、わたしたち僧侶もおばあちゃんたちといっしょに料理をつくっていました。ところがその台所に悪童がやってきて、用意していた料理をひっくり返し無茶苦茶にしてしまったことがありました。わたしはその子をつかまえて、きつく叱りつけたのです。すると、お米を研《と》いでいたおばあちゃんが、わたしに言いました。

「そんなふうに叱ってはいけないよ。それぐらいのことで怒るなんて、情けない。その子の母親にしてみれば、それはそれは可愛い子どもなんだから」

それ以来、怒ろうとすると、すぐにそのときのおばあちゃんの顔が浮かぶのです。

たとえ相手に非があろうとも、粗暴なことばで相手を責めてはなりません。粗暴なことばは苦痛となって、相手のなかに残ることでしょう。安らぎを得たいならば、いついかなる事情のもとにも、すべてのものに慈しみのまなこを向けなければなりません。在家のおばあちゃんは、そのことをわたしに教えてくれたのでした。

このようにスリランカでは、ときには出家、在家という立場を超えて、お互いに支え合い、学び合いながら生きているのです。

# 8

# 欲と怒りで心身が消耗する

修行僧たちよ、
ジャスミンのツルが萎れた花びらを捨て落とすように、
貪りと怒りを捨て落とそう。（三七七）

人は、自分の欲も怒りも可愛いものです。自分には正当な理由があって怒っているのだと正当化さえします。人にとって怒りと欲は、自分の心に咲いた花のようなものです。しかし、いつまでももちつづけるのではなく、それは捨てたほうが安全なのです。わたしたちは、怒りと欲によって心身が消耗しています。怒りは余計なのです。

いつも「戦わなくてはいけない」「負けるものか」という気持ちでいる人がいます。どんな話をしても否定的な意見ばかり述べ、いつも相手を批判していきます。ふとしたことばにも怒気が含まれ、つねに周囲に威圧感を与え、恐怖感をまき散らします。だから人と無用な争いを起こすのです。

また世の中は「もっともっと」という欲で動いています。それはまるで喉が渇いた人が際限なく水を欲するように、わたしたちがあらゆるものを欲しがるからです。そのような欲は余計なものなのです。

怒りと欲によって、わたしたちは、わけもなく悩み、困っています。悩みというものは、猛烈な炎のようなものです。自分の体から生まれてくる悩みという炎によって、体は傷めつけられるのです。こういう状態がつづくと、胃酸がたくさんでるなど、臓器がおかしな活動をしてしまいます。心身のバランスがくずれれば、やがて病気になってしまいます。

よく「ある日、突然、病に襲われた」という話を耳にしますが、そんなことはありえません。それまでの生活のあり方、生き方が大きな影響を及ぼしているからです。ただ自覚症状がなかっただけのことです。怒りと欲で心身が消耗すれば、やがて体調に異変が生じ、病を患うようになってしまうのです。

9

# 心を具体的にとらえるには

あらゆるもののなかで、先立つものは心である。
あらゆるものは、心を主とし、
心によってつくりだされる。
もしも汚れた心で話したり行なったりするならば、
苦しみはその人につきまとう。
荷車を引く牛に車輪がついていくように。（一）

わたしたちは、生のおおもとにある心をないがしろにしています。心よりもかたちあるものを大事にしています。金や健康や建物を大事にして生きています。生命あるものは、心によって行動しています。話したり食事をしたり、歩いたり仕事をしたりする働きは、心によるのです。人間関係がうまくいったりいかなかったりするのも、すべては心によるのです。どうしようもないと諦めることも、チャレンジするのも、心の働きです。いくら頑健でも、心にストレスがたまれば健康を害します。過酷な仕事をしていても、生き甲斐をもってやっていれば疲れないものです。建物をつくるのは心、飛行機をつくるのは心、宇宙船をつくるのも心です。幸不幸、成功不成功は、心次第で決まります。心がすべての創造者なのです。ものごとは、無意識の心が願うとおりに運んでいくのです。心が現実をつくっているのです。

心のなかにネガティブな志向があれば、現実はそのようになるのです。「これは大変なことだから、自分にはできそうもない」と心が決めてしまうと、もうできなくなります。わたしたちは、心をないがしろにしています。心よりもかたちあるものを大事にしています。金や健康や建物を大事にして生きています。これでは、物質が神さまで、心は物質の奴隷になっているようなものです。わたしたちは、心によって生きているのです。心が自己の支配者であり自己の管理者なのです。

心に関する「ダンマパダ」の一節を、もう一つご紹介しましょう。

心はとらえ難く、軽々とざわつき、欲するがままにおもむく。
その心は制御したほうがよい。よく制御した心は、安らぎをもたらす。(三五)

心はあまりにもその動きが速いのです。瞬時に笑いが起き、ときには怒りだします。心の動きに気がつくのは、とても難しいことです。あまりにも速いので、怒ったときはそれに気がつきません。手遅れになってから、まずいことをしたことに気がつくのです。お釈迦さまは「心をおさめたら、安楽をもたらす」と言われました。心が清らかになるように向上することが仏道なのです。そのためには、心というものを具体的にとらえなければなりません。

たとえば、怒りという感情があるとき、それを心のなかにさがしても見つかりません。しかし怒りの心は、荒々しい呼吸や、こわばった顔の表情、激しい心臓の鼓動、力の入った肩などとなって、具体的に体にあらわれます。その体の変化――自分の体の動き、呼吸、歩き方、動作、そして感情などの具体的な動きから、心をとらえていくのです。今、起きている心の動きをつかまえたとき、はじめて心をおさめることができるのです。そのように心をおさめる方法を、だれでも具体的に実践できる道として説いたのが、仏教なのです。

日常の生活のなかで、心をつかむ（観る）訓練の仕方を一つご紹介します。食事は、とてもよい実践の機会になります。一日に一回でも、ゆっくりと時間をかけて食べることです。そして、食事をするプロセス一つ一つの動作を、丁寧に確認するのです。「座ります、食べます、見ます、箸を取ります、運びます、口に入れます、嚙みます、味わいます、飲み込みます」と。そして、食べるときには、食べ物の感触をよく味わうのです。

よく食べすぎる人がいますが、ストレスがたまってイライラするから、それを解消しようとして無意識に食べてしまうのです。ゆっくり時間をかけて食べると、体に必要なものが入っただけで満足感が得られるようになります。やせすぎの人も太りすぎの人も、ちょうどよい状態になっていきます。こうして体自体が必要としているものがわかってくると、不必要なものは自然に食べたくなくなります。ですから「わたしは菜食主義で肉は絶対に食べない」などと思う必要はありません。主義に固執しているとそれがストレスになって、頑固で落ち着きがなくなってしまうからです。頭では菜食でいこうと思っていても、心は肉や魚を欲しているので、無意識にストレスがたまってしまうのです。

この食事の瞑想をしてみると、今まで発見できなかった味がわかってきます。ご飯だけでも、噛むたびに味が変わっていきます。高級グルメをさがし求めなくても、ニンジンをそのまま食べてみれば、びっくりするほど美味しく感じられるでしょう。野菜そのものの味がして、とても美味しいのです。野菜の青臭さとか、苦みとか、素材そのものの本来の味を味わってみてください。ゆっくりと丁寧に食事をしていると、最初はいらだちがでてくるかもしれません。しかし、それでも実践してみるのです。それができるようになれば、人生のいらだちまでもが解消されてゆきます。このような日常の些細なことから落ち着きを体得していけば、いつでも人生を落ち着いたものとすることができるのです。

# 10

# 日常のなかで心を観る

昼も夜も心を向上させることを
楽しんでいる仏弟子は、
いつもよく冴えわたっている。（三〇一）

心をおさめるには、どんなときでも「心を観る」ことが大切です。ポイントは、つぎの四点です。

一、すぐに自分の心を観る

気分が悪い、落ち込んでいる、腹が立っている――そのようなときこそ、怒りをぶつけるのではなくて、自分の心を見つめるのです。「わたしは今、腹が立っている、怒っている」と二、三回くらい心のなかで言うだけでも、サッと怒りは消えてしまいます。効き目がすぐにあらわれることがわかるでしょう。

二、呼吸を見つめる

仕事がうまくいかなくなったり、スランプに落ち込んだり、やる気がなくなったりするときには、できない、駄目だなあと、自分を責めて痛めつけず、ただただ呼吸に意識を向けるのです。「吸う、吐く。体がふくらむ、縮む」と、呼吸しながら、ことばで確認してください。これだけでとてもリラックスすることができます。

三、歩く

だれにでも歩く時間があります。ジョギングでもいいでしょう。その際に、足の動きに気を向けるのです。左、右と足の動きを確認し、足の動きを感じるのです。こうすると、一キロも歩けば疲れてしまう人でも、四キロの道のりを歩いても疲れを感じなくなるでしょう。「右、左、右……」と足の動きを交互に確認しながら歩いていくと、脳のバランスもよくなります。「右」と確認すると、脳の左側が刺激されるからです。脳は刺激されればされるほど、体にいいのです。ただ歩くことに徹して、歩くことをよく味わうだけで、健康になります。

四、体の動きを確認する

ゆっくり、手を挙げてみる、足を運んでみる――このようにゆっくりとした動作に意識を向けると、心が落ち着きます。悔やんでいる無駄な時間がなくなって、心が清らかになります。家事の場合でも、「洗います、掃きます」と、独り言を心のなかで言うように動作を確認してゆくだけで、自然と本来の智慧がわいてきます。「ああなりたい、こうなりたい」という心を放っておくのです。今、この瞬間をここで徹底的にくつろぐのです。明日のことも昨日のことも意識しません。明日のことは、明日のことであって、今することではない。昨日のことも、もう終わったのだから、あれこれ考えても無駄です。

実際に生きているのは、今の瞬間だけ、今というこの瞬間が本番なのです。未来はどうなるのかわかりません。わからないことは放っておくのです。今の瞬間の自分を観ていくだけで、自分に必要なものが自然と備わってくるのです。要は気づくこと、心に起こることを確認することだけです。修行という気持ちでやらないで、リラックスしながら実践することです。

# 11

## 過去を思い悩むのは不幸になる訓練である

この道を実践するあなたたちは、
苦しみを終わらせるだろう。
わたしは苦しみの矢を抜いて
癒す方法を知っているので、
この道を説いているのだ。（二七五）

いやな出来事というのは、だれもが鮮明に覚えているものです。「あの人にあんなことをされた、こんなことをされた」「あんなことも、こんなことも言われた」……。すでに終わったことなのに、それを何度も何度も思いだしては、悩んだり悲しんだり怒ったりするわけです。

けれども、あなたにいやなことをした相手は、そんなに悪いことをしたとは思っていないばかりか、もうとっくに忘れているかもしれません。終わったことを心のなかにたもちつづけているのは、矢が刺さったまま抜かずに、「痛い、痛い」と嘆いているようなものです。

お釈迦さまは、そのようなことは「遺体を背負って運んでいるようなものだ」とも言われました。矢を抜かずにおけば、いたずらに苦しむだけです。重たい遺体をいつまでも背負っていては、いたずらに疲れるだけです。過去のことを思い悩む人は、不幸の訓練をしながら生きているようなものです。

自分の幸福をこわしているのは、自分に悪いことをしたいやな人びとではありません。それは、悪いことを忘れないでいつまでも怨みつづける自分の心なのです。

人は真理に目覚めないかぎり、いろいろな間違いを繰り返します。あなたを攻撃したり意地悪をした人も、やりたくてやったわけではなくて、ただ真理がわからなかったから過ちを犯したのです。子どもがなにか過ちをしでかしても「まだこの子にはわからないことだから」と許してあげるように、その人を怨むのではなく、許すほうが賢い生き方なのです。相手に仕返しをすることで、けっして幸福を得ることはできないのです。

# 12

## 「わたし」も同じように移ろいゆくもの

世の中（生命）をあわ粒のように、
かげろうのように観る人は、
死も同じように観る。（一七〇）

花が散る、家がこわれる、木が燃えて灰になる、人が死んだ——人はそれらを見て、無常であるといいます。しかし、それだけでは、無常をわかったことにはなりません。花が散ったとわかるのは、花が咲いていた記憶があって、それと比べてはじめて、今、花が散ったとわかるのです。ただ過去の記憶と、現在、観察した姿とを比較しているだけのことです。それは観念で無常を理解しているだけで、実感しているのではありません。

「知っていること」と「実感すること」とは大きく違います。そこには「わたし」というものがあって、花が散るのを見ているだけです。見ている「わたし」も同じように、移ろいゆくものであるというたしかな実感がともなっていなければ、無常を真にわかったことにはなりません。もっとも根本的なことは、この「わたし」というものが無常であるということなのです。

言い換えれば、「わたし」というものには実体がなく、変化しているものであるということです。

「わたし」も「世の中のあらゆる存在」も同じ物質でできており、ともに瞬間瞬間に変化しています。いっしょに変化しているから「動いている」とは見えません。二台の車が同じスピードで走ると、互いに止まって見えるようなものです。「わたし」もまた、すべてのものと同じように、宇宙の法則にしたがってあらわれては消えていくものであり、それは実体のないものなのです。

しかし、「わたし」というものは、変化したくないのです。他の無常は認めても、「わたし」自身の無常は認めたがらないのです。それが「執着」というものです。

# 13

# 自我をだしたとたん心の成長は止まる

無意味なものを、有意義とみなし、
有意義なものを無意味とみなす人びとは、
その誤った心にとらわれて、
けっして真実は得られない。（一一）

わたしたちは、「ないもの」を「ある」と思い、「あるもの」を「ない」と思っています。価値があるものを価値がないとして、価値がないものを価値があるとしています。

経典にはこういう話があります。生まれつき目の見えない人がいました。ある男が、その人にとても醜い汚れたボロの服を差しだして、こう言いました。

「この服は世界でもっとも美しい服です。高価なもので、大切に使わなくてはいけません。生命をなくしても、この服だけはなくしてはいけませんよ。それくらい価値があるのです」

かれはその話を信じて、その服をいつも大切に着ていました。あるとき、かれの姿に哀れみを感じた医者に助けられ、かれの目は見えるようになりました。目が見えたら、自分が世界一美しいと思って着ていた服は、汚れた粗末なものだったということがわかりました。かれはなんの未練もなく、その服を脱ぎ捨てました。

わたしたちの人生もまたかれと同じです。ボロの服を身にまとい、それを美しい服だと思い込んで暮らしているのです。その服が意味するものは、まさしく「自我」です。自我があるために、わたしたちは自己と他人を区別して、自分を大きく見せようと競争します。それが争いの原因になるのです。

自我が消えてしまえば、相手が自分よりも劣るとか、立派だとか区別して競うことはなくなって、心は穏やかになるのです。自我がなくなるといっても、あったものがなくなるわけではないのです。じつは、もともと自我というものはなかったのです。自我の働きは、「自分がもっとも大切で偉いのだ」という思い込みです。そこが問題なのです。

出家の世界では、「自分のもの」ということは一切認められません。自分の椅子さえもってはいけません。それは出家者みんなのものであって、自分の所有物ではないのです。それは、出家社会は自我のない世界の生きたモデルだからです。

わたしたち上座仏教の社会では多くの儀礼がありますが、そのなかには僧侶たちだけで行なうものがあります。それは一人ひとりが、僧侶たちの集まるところで、「わたしは、こういう間違いを犯しました」「わたしに間違いがあったら、どうか教えてください」と宣言する儀式です。それは自我中心に生きることを制御するための行為なのです。

「わたしはすばらしい」と思っていると、人間というものは、どんどんと傲慢になってしまいます。自我をだしたとたん、心の成長が止まるのです。それを恐れて出家のあいだでは、このような儀式を行なうのです。たとえばわたしなど、こうして袈裟を着て人前で説法などをしますと、さも立派な坊さんのように勘違いされることもありますが、日常生活の至るところで、自我がでてきます。

電車が混んでいれば、「もうちょっと奥へ詰めてくれれば楽に立てるのに」と思ったり、地下鉄の出口を間違えたら、「わたしはなんてバカなんだろう。出口の名前を覚えておけばよかった。それにしても地下鉄の会社は、どうして看板にちゃんと書いておかないいんだ」などと思うわけです。人間というものは、そんな程度なのです。「わたしは、ろくでもない。大したことはない。よく間違いをする」ということを、よく知っておくことが大切なのです。

14

# ありのままの自分を明確に観る

もろもろの心の汚れを落としたいのなら、
昼も夜も目覚めて（気づいて）
涅槃（永遠の安らぎ）をめざしなさい。（二二六）

お釈迦さまの教えに「ヴィパッサナー」と呼ばれる心の訓練法があります。ヴィパッサナーとは「いつも目覚めて心をよく観る」という意味です。ヴィパッサナーの実践法は、なにをしていても、どんなときでも、今の自分に気づいていくことです。呼吸をする、歩く、立つ、座る……。一つ一つの動きに意識を集中し、体を観察することから始めていきましょう。

もっとも早くリラックスする方法は呼吸に意識を向けることです。体全体が呼吸していることを感じるのです。心の眼で、体のふくらみと縮みを観てください。それから「立つ」「座る」「歩く」を観察します。

歩行の際には、一歩一歩、右足、左足とよく確認して歩きます。それから心を鎮めて座ることに意識を集中します。いわゆる瞑想です。きっと、いろんな心配事、妄想が頭に浮かび、嫉妬や怒りなどによって心に乱れが生じるでしょう。わたしたちは日常生活のなかで、いろんな外部の情報をインプットして頭を酷使しているからです。

はじめての人には、歩く瞑想が入りやすいと思います。眠くなりませんし、早く落ち着きます。体と心の調和が速やかに実現するやり方なのです。歩くというシンプルな動きによって、心と体が一体となり、落ち着いた心境に至ることができます。

ポイントは、体の感覚を丁寧に味わうことです。たとえば呼吸をするときには、吸う息と吐く息を、体全体で味わうのです。あまりにもシンプルすぎてつまらないと感じる人もいるでしょう。どこかへ逃げだしたくなるかもしれません。しかしそこから逃げずに「今、ここ」に意識を集中し、その状態をたもちつづけていれば、いつの間にか驚くほど心が成長していきます。体の動きと心の働きが一体になることが重要なのです。一人が落ち着いてくると、その波動によって他の人も落ち着いてきます。心のエネルギーが伝わっていくのです。

息を吸う、吐くという呼吸の動きを一つ一つ味わい、楽しむことができれば、それは人生を楽しむことにも通じます。しかし、これを「修行だ」「訓練だ」という思いで実践したら楽しくありませんし、気づきも生まれません。

また実践していくと喜びが生じてきますが、その喜びに執着しないことも大切です。淡々と、実践するのです。実践をつづけていけば、かならず落ち着いた人格が培われていきます。人間は落ち着いていることが魅力なのです。

成長は自分では気がつかないものです。ちょうど植物の成長のようなものです。種から花が咲くまで、瞬間瞬間にはわかりませんが、確実に花は咲いていくのです。

# 15

## 解決しようとじたばたしない

心は煩悩が漏れることなく、
混乱することもなく、
善も悪も乗り越えて、
目覚めている人には、
なにも恐れることがない。（三九）

わたしたちは、四六時中、いろんな情報にさらされています。そして、その情報に接するたびに、好きとか嫌いとか、善いとか悪いとか、いつも価値判断を下しています。心が混乱してしまうのも当然です。この状態をなくすためにはどうしたらいいか、それを考えてみましょう。

わたしたちは、朝起きてから寝るときまで、さまざまな問題に出遭います。問題が起こらないことなど、いっときとしてありません。寝ても眠れなければ問題だし、眠れば眠ったで悪い夢を見たりして、これはこれでまた問題なのです。ところが、「困った、困った」と嘆きつつも「この問題さえ解決すれば、なんとかなる」とも思っています。

しかし、じつのところ、その問題を解決してもなんともならないのです。というのは、また新しい問題が生まれてくるからです。

問題というものは、雲霞のように、また深い海のように、かぎりなくあるのです。だから巧みに生きるには「問題を解決しよう」という考えを捨ててしまうのです。「問題はつねにあるものだから、あってもいい。問題は邪魔なものではない」という広い気持ちでいることです。

もしも一人で船出をして、だれもいない海に落ちたら皆さんはどうしますか。やみくもに泳げば、体力を使い果たして溺れてしまいます。できるだけ体力を使わないようにして、そのまま浮いていることが必要です。海面に浮いてさえいれば助かる可能性があります。それは人生においても同じです。問題という海の上で、ただ浮いてさえいればいいのです。焦らずに自分の心をしっかり明晰にたもっておくことが大切なのです。

心が落ち着いてさえいれば、問題の本質が見えてきます。どんなに努力しても解決できない問題もあれば、なんとか努力をすれば解決できる問題もあります。なかには放っておけば解決してしまう問題もあるでしょう。つまり問題の本質をきちんと見きわめることができれば、「解決しようがない問題だから放っておこう」とか「この問題はきちんと解決しておこう」という具合に道が開けていくのです。

人生とは新しい毎日の連続です。人生において同じ出来事は二度と起こりません。今日の問題は、今日だけのものです。そのつど、出遭う問題は、まったく新しいものなのです。だから、「昨日と今日は違う。明日も違う。今日はどうなるかわからない。明日もどうなるかわからない」という気持ちでチャレンジしていくと、人生は、生き生きとしてきます。

人生というものは瞬間の連続です。その瞬間が終わったら、終わったことにはこだわらず、またつぎの瞬間のことにチャレンジするのです。すると、いつもひらめきがでてくるようになります。そうなると人生は、俄然、おもしろくなるのです。

16

# 今なすべきことに意識を向ける

なすべきことを、なおざりにし、
なすべからざることをなす。
遊びたわむれ放逸な（今の瞬間に気づかない）者には、
煩悩が増大する。（二九二）

人生とは、瞬間瞬間の連続です。わたしたちは、瞬間瞬間を生きることしかできません。そして、今の瞬間になすべきことは具体的にあります。たとえば、話を聞くことであったり、皿を洗うことであったり、ものを片づけることであったりするわけです。

正しく生きるとは、今なすべきことをよく知り、それをきちんとやるということです。今、この瞬間になすべきことだけを、きちんとやればいいのです。では、そのあとはどうすればいいのかといえば、また、そのときそのときになすべきことを、ただやるだけでいいのです。つねに今なすべきことに、意識を向けてゆくのです。そうすれば、とてもシンプルな生き方になります。

ところが、わたしたちの生き方がなかなかシンプルにならないのは、過去を振り返り、先のことを心配したりして、「今、ここ」にいることが難しいからです。そのためには、ものごとを漠然と見ていてはいけません。具体的にやるべきことが見えないと、無用な不安が生じてくるからです。

シンプルに生きるためには、まず仕事や生活をきめ細かく「ユニットごとにカット」することです。今日一日の生活をいちばん短い単位にカットしてみていくと、今やるべきことが具体的にわかってきます。今、本を読むとしたら、本を読むことに徹するのです。そのときに、夕食はどうしようかとか、あの人に手紙を書かなくてはとか、余計なことを考えないのです。本を読むときには徹底的に本を読み、買い物に行ったら買い物に徹する。それが終わったら、料理に徹するという具合にすれば、巧みにものごとを処していけるようになります。

いつも「ああ忙しい、ああ忙しい」と嘆いては、追い立てられているように日々を送っている人がいます。ところが、その人の生活をよく観察してみますと、ほんとうに忙しいのではありません。忙しくて時間がないのではなく、雑事に追われて混乱していて、心が落ち着かないだけのことなのです。だから、忙しいと感じてしまうのです。

仕事や家事を「巧みにこなす」ことができれば、「忙しい、忙しい」と焦ることはないでしょう。「巧みな人」は、どんな仕事でも、焦ることなく余裕をもってこなすことができます。

では、「巧みな人」になるには、どうしたらよいのでしょうか。お釈迦さまは、「今、行なっていることについて、正しく気づくことだ」と説いています。「正しく気づく」とは、今みずからが行なっていることに、いつも気づいていることです。

たとえば皿を洗うときには、皿を洗うことに気づいている、歩いているときには、歩いていることに気づいている、ダイコンを切るときには、切ることに気づいていることなのです。それができれば、何事につけても、巧みにこなすことができます。

## 17

# 不安の消えた状態が悟り

渇愛から憂いが生じ、
渇愛から恐れが生じる。
渇愛を離れたならば、
憂いは存在しない。
どうして恐れることがあろうか。（二一六）

生きているかぎり、わたしたちは「好き」「嫌い」という二つの感情から逃れることはできません。好きなものにたいしては「欲しい」という欲が生まれますが、嫌いなものにたいしては「離れたい」という気持ちが生じます。絶えず心が落ち着かず、「なにかをしたい」「なにかをしなければ」という衝動に駆り立てられるのです。そこに憂いや不満が離れないでつきまとうのです。

不安には「はっきりした不安」と「なんとなく覚える不安」というものがあります。「なんとなく覚える不安」というものは、いつもつきまとって、なかなか厄介なものです。しかし「はっきりした不安」というのは、それほど問題ではありません。たとえば、リストラに遭ったとか、仕事がなくなったというのは、原因がはっきりしているので明確な不安です。その不安を解消するには、「これからどうやって食べていくか」ということを考えればいいわけです。ただちに答えはでなくても、かならずどこかに答えがあることはたしかです。不安だけれども、心のなかでは安心しているわけです。

ところが「なんとなく覚える不安」というのは、原因がはっきりしないのでなかなか消えません。それどころか、不安が不安を呼び、不安だけが勝手に膨張していくのです。

人生をマラソンにたとえるならば、まさに目隠しをしたままで突っ走っているようなものです。とにかく走らなければいけない。けれども目隠ししているから、ゴールがどこにあるのかも、どこまで走ったのかもわからない、という状態です。だから、納得がいかずに不安なのです。それでもわたしたちはなにかに急き立てられているかのように、いつまでも走りつづけてしまいます。これが、じつは生命というものの本質なのです。

生命というものは、いつもなにかをさがしています。いつもどこかへ向かって走っているのです。なにもしないでいると苦しいのです。不安でたまらないので、とにかくなにかをしようと動いています。そして、それはわたしたちの人生も同じです。苦しみから逃れるために、なんの役にも立たないことを、いろいろとやっているにすぎないのです。この不安の消えた状態が「悟り」なのです。そういう境地に至った人は、不思議な落ち着きに満たされています。

18

# 一旦停止する

心はとても見難く、
きわめて微妙であり、
欲するがままに飛びまわる。
智慧ある人は心を守る。
守られた心は、安らぎをもたらす。

（三六）

心は、欲するがままに動いたり、自動的に反応するものです。思わずカッとなって怒鳴ったり、ときには殴ったりすることもあります。そういう心を放っておきますと、人生はどんどんと悪い方向に向かってしまいます。

自分の心を守るには、自動的に反応してしまう心をおさめることです。それには、簡単な方法があります。それは「一旦停止」することです。これを体得することで、人生はかなりうまくいきます。

たとえば、すぐに話しだそうとしないで、まず一旦停止することを心がけてみましょう。きっと不用意な発言をして、問題を引き起こすことはありません。なにかを言いたくて仕方がないというときに、一旦停止するのです。そのとき、ひと呼吸でもいいですから、その呼吸に気づいてみてください。それが一旦停止になります。そして、自分はこれから、なにを話したいのか、あたかも外から自分を観察するように見つめるのです。

他の行動をするときにも同様です。

思いつくままに行動するのではなく、一旦停止してから、あらためて行動を起こします。一旦停止をすると、そのときにわき起こった感情がおさまってしまうものなのです。

これを身につけると、いつでも自分の心を観察できるようになります。それが、心をおさめることになるのです。

19

# 自我は苦しみを生むおおもと

「一切の事物は我にあらず」（諸法無我）
と明らかな智慧をもって観るとき、
人は苦しみから遠ざかり離れる。
これが清浄になる道である。（二七九）

なにかを見たり、聞いたりするとき、「わたしが見た」「わたしが聞いた」というように「わたし」という実感が生まれます。事実は、たんに「見た」「聞いた」ということがあるだけなのに、「わたし」が存在し、「わたし」という固定した実体があるかのように思い込むのです。それが「自我」の正体です。

「花を見た」というとき、事実としての「花」はあります。「見た」ということも事実です。それだけなのに「わたしが」という思いばかりが先立ち、「わたしが見た」「わたしが感じた」という具合に、「わたしが」という主語が一人歩きしていくのです。事実は、見ただけで、それだけのこと。あるいは聞いただけで、それだけのことなのです。しかし、ここに「わたしが」という自我が入り込むのです。

仏教では、この「自我」こそが、苦しみを生むおおもとになると説いています。そこをもう少し、詳しく見ていきましょう。

「かれがわたしに挨拶をしなかった」という場合、たんに「挨拶をしなかった」というだけのことです。ところが、「わたしはかれの上司だ。だからかれはわたしに挨拶をするべきなのに、挨拶しなかった。けしからん」ということになりますと、そこに苦しみが生じます。それは「わたし」という思いが、争いをつくってしまうわけです。ですから安らぎを得る道は、この「わたし」という思いを捨てることにあります。

わたしたちの心は、外からさまざまな情報が入ることによって、瞬間瞬間に動きだします。外からの情報が入る窓口は、眼《げん》・耳《に》・鼻《び》・舌《ぜっ》・身《しん》・意《い》と六つあります。目には色、耳には音、鼻には香り、舌には味、体には熱さとか硬さなどの感触、頭にはいろいろな概念が入ってきます。情報に触れたときに、わたしたちは、そこにさまざまな価値判断を入れてしまうのです。

たとえば、音が耳から入ります。それは、たんなる音です。しかし、わたしたたちは、「心地よい」とか「耳障り」だとか、主観的な価値判断を入れます。そうしてそこから、「わたしをいじめている。非難している」とか「仕返しをしなくては」というふうに、妄想がふくらんでいくのです。それが煩悩の働きです。

この煩悩の働きを断つには、外からの情報を得たとき、「ただ音だけ。ただ色が見えただけ」と観ていくのです。そこに「わたし」というものを入れないのです。

一切の事物に、「わたし」というものを入れない。それが、煩悩の働きを断ち、明らかな智慧を生むことになるのです。心を清らかにするには、特別な山中で修行する必要はありません。歩いていても、料理をしていても、電車に乗っていても、いつでもどこでもできることなのです。とかく、わたしたちの心は、ちょっとしたことで感動したり、悲しくなったり、暗くなったりしてしまいます。それは自動的な反応であったり、他人や外部から操られているようなものです。

それは、不安定な浮わついた心です。

心を観る実践をしていると、人からなんと言われようと、誉められようがけなされようが、そのことばもちゃんと聞いて理解していて、しかも心のなかに感情の波は立ちません。落ち着いた心ができてきます。落ち着いた心ができれば、さらに心が成長していくのです。

一般的に宗教というものは、堅苦しい儀式、きらびやかな衣装や道具を必要としています。「ああしてはいけない、こうしてはいけない」という決めごとがあったりします。また、滝に打たれたり、精進潔斎《しょうじんけっさい》をしたり、呪文などを唱えたり、さまざまな修行方法があります。けれども、もっとも大切なことは、自分の心に気づくことです。そのためには衣装や道具も必要ありません。厳しい苦行も必要ありません。

お釈迦さまは、「自分の心をよく観る」という心の訓練法を教えました。自分の心に浮かぶことをよく観るのです。観ることによって、自分の心の悪いところ、性格の悪いところ、心の奥底に隠れていた悩みや苦しみは徐々に消えていきます。心というものは、外から強制的に縛りつけなくても、自分のありように気がついたら瞬時によくなるものなのです。

人間関係で苦しんでいるとしたら、それは自分の心に未解決な滞《とどこお》りがあるからなのです。心を観る最初のステップで、そういう苦しみは消えていきます。仕事も勉強も自然とうまくいくようになります。相手が良かろうが悪かろうが、その人とうまくいくようになります。なぜうまくいくかといえば、心が落ち着いてくるからです。自分自身の心が落ち着くことによって、周りの現実も、すべて落ち着いてくるのです。

20

## まず自分をととのえてから

まず自分を正しくととのえ、ついで他人を教えなさい。
そのようにする賢明な人は、
煩わされて悩むことがない。（一五八）
あなたが他人に教えるとおりに、自分でも行ないなさい。
自分をよくととのえた人こそ、他人をととのえる。
自分を制することはとても難しい。（一五九）

わたしたちは、人から説教をされるといい気がしないのに、人には説教をしたがります。「しっかりしなさい」「がんばりなさい」と他人に言うのが好きです。しかし、それは「あなたはこうしなさい。でもわたしのことは、放っておいてほしい」といっているようなものです。説教をされた人もまた別の人にたいして、「しっかりしなさい」と言います。そして、言われた人もまた別の人に説教をします。それでは、いつまでたっても世の中はよくなりません。

他人の過ちは見えやすいものです。しかし、わたしたちは、ほんとうに他人の過ちが見えているのでしょうか。自分の勝手な思い込みで、過ちに見えているのかもしれません。

人の過失には、それなりの原因があります。しかし、その過失がその人の責任かどうかは、わたしたちにはわからないのです。たとえば、ある人が遅刻したとします。でもそれは、電車が事故を起こしたり、でかけるときに、子どもが病気になったのかもしれません。その人の責任でないことをいくら責めても、どうにもならないことです。結局は反感を買うことになります。

わたしたちは、人のことを、どうのこうのと言えるほど立派ではありません。よく「今どきの若者はどうしようもない」などと言いますが、振り返ってみれば、自分たちも、そのように言われてきたのです。「あの人は間違っている」と指摘してみても、もし自分がその立場になったら、同じことをしないという保証はありません。「嘘をつくな」と言ってみても、追い詰められたら嘘をついてしまうのが人間です。「頼りにならない」と言ってみても、自分が同じ立場になったら、信頼される振舞いができるでしょうか。不祥事を起こした政治家や官僚を批判しますが、わたしたちだって、賄賂をもらったり容易に水増し請求ができる立場になれば、「バレなければいいや」と悪事を犯してしまうかもしれないのです。

お釈迦さまの教えは、「他人の過失を見るのではなく、自分を観なさい」ということです。他人の過失を見ていては、永久に問題解決には至りません。人のことは放っておいて、自分の責任だけをきちんと果たしていけば、うまくいくのです。親は親としての役割をきちんと果たせば、子どもはきちんとするのです。人の過失を見つけて説教する人は嫌われます。人に説教するのは大きなお世話なのです。説教ばかりする人は、「早く帰ってくれ」といやがられます。

では、説教してはいけないのでしょうか。それは、自分でまずやってみてから言えばよいのです。自分が味わったもの、自分が行なったものを、他人に伝える場合には、すばらしい人間関係ができあがります。しかし、たいていは反対のことをしてしまうのではないでしょうか。

21

# 他人の過失を見ずに自分を観る

他人の過ちや、したこと、しなかったことなど、見る必要はない。自分を観るべきだ。なにをしているか、なにをしていないのか、と。（五〇）

「あの人は間違っている」「その人はおかしい」「この人は仕事をしていない」と、わたしたちは他人の欠点や過ちばかり見ようとします。それを生まれてから死ぬまでずっとやっているのです。互いに他人を指さして「しっかりしなさい」と言います。自分を直そうとしないで、いつも他人を直そうとします。そんなことをしていたら、いったいだれが直るというのでしょうか。

わたしがある人を直そうとします。すると、言われたその人が、また別の人を直そうとするでしょう。そして、言われたその人が、また別の人を直そうとします。堂々巡りなのです。結果として、一人も直ることはありません。

他人の過失は見やすいけれども、自分の過失は観え難い。
ひとは他人の過失を籾殻《もみがら》のように吹き散らす。
しかし自分の過失は、悪賢いばくち打ちが不利なサイコロをごまかすように

隠してしまう。（二五二）

わたしたちは、人の過失を指摘するのが大好きです。それは他人の過失を指摘することで、「自分は正しい」と思いたいからです。「あの人は嘘つきだ」というとき、「自分はあの人と違って正直者だ」と思うのです。自分をだまして、気分よく生きているわけです。

文明は進歩しても、人間の心は古代からなかなか進歩しません。進歩しないのは、他人の過失ばかりを見て、自分の心を観ようとしないからです。他人の過失を見て、相手が悪いと言っているあいだは争いがつづきます。しかし、どちらかが自分の心を観ようとすれば、そこで争いは終わるのです。

22

# 自分が自分にたいしてひどいことをする

敵同士、憎しみ合う同士が
とろうとする態度よりも恐ろしいことを、
邪《よこしま》に育った心は、
自分にたいして行なうのだ。（四二）

憎んでいる者同士が出会うと最悪の状態になります。互いに相手を容赦なく痛めつけ、倒そうとします。「かわいそうだ」などとけっして思いません。心が汚れていると、自分が自分自身にたいしてもひどいことをします。それは憎む敵にたいするよりも、もっとひどいことをするのです。一歩間違えば、自分自身にたいしてもこの上ない敵に変身するからです。

あさはかな愚かな者たちは、自分自身にたいして敵のように振舞う。
悪い行ないをして、苦難の結果を得る。（六六）

自分が自分にたいして、仇敵のように振舞うのです。心は、あたかも原子炉のようなものです。よく管理すれば、よいエネルギーとして活用できます。しかし、チェルノブイリの原発事故のように原子炉から放射能が漏れだしたら、人間は暮らすことができません。心も暴発すれば、自分自身にたいして壊滅的な被害を与えるのです。未熟な心は、自分にたいして敵になるのです。その敵（心）が自分にたいして、そして他人にたいしても攻撃をしかけるのです。

たとえばわたしたちの世界は、至るところで争いが起きています。戦争は起こるし、家庭では夫婦喧嘩はあるし、子どもはいろいろ問題を起こします。この世の中にあるのは、ただただ争いばかりだと言っても過言ではありません。争いが解決されないのは、自分自身（の心のありよう）に気がつかないで生きているからです。自分自身に気がつかないから、争いを引き起こし、争いの渦の中に入ってしまうのです。

わたしたちは、普段、自分自身に気づいていると思っていても、そうではありません。ほとんどの行為は、無意識のうちに行なわれています。

歩いているときには、歩いていることに気づいていないで、なにか別のことを考えています。食事のときもそうです。やっていることと、考えていることが、バラバラなのです。「わかっちゃいるけど、やめられない」と、よく言うではありませんか。それは、「わかったつもりで、わかっていない」のです。「わかったつもり」と「わかっている」との区別がついていないのです。ほんとうにわかっていたら、とっくにやめているはずです。

怒ることは悪いとわかっていても、つい怒ってしまう。怠けることはよくないとわかっていても、つい怠けてしまう。それが人間の弱さです。よくないとわかっていることを、瞬時にやめられるのなら問題はそれで終わります。しかし、そうはいかないものですから、お釈迦さまは延々と説かれているわけです。「わかっちゃいるけど、やめられない」という状態があるから、ゆっくりゆっくり、少しずつ少しずつ、丁寧に教えておられるのです。

お釈迦さまが教えられたことは、「自分の心がどのように動いているのかをよく観察する」ということです。心というものは、見たり、聞いたり、触ったり、味わったり、嗅いだりすることで、いろいろな変化が起こります。しかし、そこにはある種の法則があります。それを「よく明瞭に観なさい」というのです。

あらゆる問題は、「今、ここの自分自身」に気がつかないために起きているのです。だから心を浄める道とは、「今、ここの自分自身」に気づくことなのです。

# 23

## ものに依存しない生き方

現世利益に達する道と、
涅槃に達する道と、
まったく相反する道がある。
このことわりを知っている仏弟子たちは、
名誉を喜ばないほうがよい。
そして離欲の道を歩めばよい。（七五）

「建物が必要だ。道路が必要だ。飛行場が必要だ」「エネルギーがたくさん必要だ。原発も必要だ」「もっと経済成長が必要だ」……。わたしたちの社会は、つくってはこわし、つくってはこわしというサイクルになっています。そのサイクルをやめたら、駄目になってしまうと思い込んでいます。しかしそれは自己破壊のサイクルで、行き着くところは、地球の破壊です。

わたしたちは「あれが欲しい、これが欲しい」「まだ足りない」と走りまわっています。一時的に欲を満たしても、またさらなる欲がでてきます。それでは、いつまでたっても満たされることはありません。ずっと燃えつづける炎のようなものです。

わたしたちは、いつも「貪《とん》・瞋《じん》・痴《ち》」という煩悩の炎で燃えつづけているのです。欲しいものをあげるというのは燃料を与えていることになります。炎は消えることなくさらに燃えて、さらに燃料を求めることになるのです。だから、燃料がいくらあっても足りないのです。わたしたちの欲が尽きることはありません。

すべての問題は心にあります。お釈迦さまは、この世の中は、「現世利益に達する道」で、それは「苦しみの道」であると言われます。だから、「涅槃（永遠の安らぎ）に達する道」を説かれたのです。

利得を追っていたのでは、いつまでたっても心は平安になりません。追えば追うほど、安らぎがなくなってしまいます。ものやかたちに依存した生き方は、車に荷物を積めば積むほど、重たくなって動けなくなるようなものです。ものだけではなく、財産や地位や肩書きなども同じです。ふえればふえるほど、息苦しくなるのです。

なにものにも依存しない生き方こそが、「安らぎに至る道」なのです。

# 24

## 執着が強いと重たい荷車になる

ものごとは心にもとづき、
心を主とし、心によってつくりだされる。
清らかな心で話したり行なったりするならば、
福楽はその人につき従う。
——影がその体から離れることがないように。（二）

わたしたちの人生とは、荷車を引いて生きているようなものです。その荷物とは、仕事や家庭や生きる重さです。同じ重さの荷物であっても、人によって、あえぎながら荷車を引く人もいれば、楽々と荷車を引く人もいます。この違いはなにか。それは執着です。執着が強いと、巨大で重たい荷車を引いているような人生になります。執着の少ない人は、荷物が職場や家庭であっても、それらは影のように重さを感じることはないのです。

俗世を離れて出家しても、心の問題はすべて解決するわけではありません。ただ捨てただけでは、心の問題は解決しません。家族や財産を捨てたとしても、いつもそのことを思い起こしているのであるならば、それらは捨ててはいないといえます。まだ、それらを背負っているのです。

宗教団体などにお布施をして、あとで「だまされた」と憤慨する人がいます。それは、たくさんお布施をすれば見返りに御利益があると思っていたからでしょう。しかし、それは「布施」ではありません。捨ててはいないのです。

布施とは「ほんとうに捨てること」「見返りを期待しないで捨てること」です。むしろ、「喜んで捨てること」なのです。

仏教を実践すると、楽しみがなくなってしまうと思うかもしれませんが、じつは損することは一つもないのです。家族がいてもいい、仕事をしていてもいい、お金があってもいいのです。大切なことは、ものごとに執着しないということです。そうであれば、重たい荷車を引くような生き方ではなく、影が体のあとをついてくるような軽やかな生き方ができるのです。

25

## 自分の思うがままになるものはない

わたしには子どもがいる、わたしには財産がある、
と愚かものは悩み苦しむ。
自分でさえ自分のものでないのに、
なにが子どもか、
なにが財産か。（六二）

わたしたちは、自分には子どもがいる、自分には財産があると思って安心しています。けれども「自分のもの」と思っていても、じつは子どもや財産に、自分自身が使われているのです。

お金が欲しければ、それ相当の仕事をしなければなりません。わたしのお金だからといって、自分で払うお金を決めることはできません。一千万円の貯金があるからといっても、一等地のマンションが欲しければ、もっとためなくてはなりません。病気になったら、治療費は医者が決めることです。お金のために生きるということになれば、お金の奴隷になってしまいます。

いくら自分の子どもといっても、子どもには子どもの生き方があります。いくら命令しても、親の思いどおりにはなりません。赤ちゃんの睡眠時間などは、親の都合とは関係ありません。赤ちゃんは起きたいときに起きて、お腹が減れば泣きます。親が子どもに合わせるしかありません。

自分の体はどうでしょうか。それも自由にはなりません。体が疲れていれば眠くなります。お腹も空けば、トイレにも行きたくなります。体は自分に「ああしろ、こうしろ」と命令します。「はいはい、わかりました」と動かなくてはなりません。まるで自分は体の奴隷のようです。

では、心はどうでしょうか。心こそ自分のもので、それは自由になるのでしょうか。

そうではありません。「けっして怒らない」といっても、怒るときには怒ります。悩みたくなくても悩んでしまいます。わが心さえも、自由にはならないのです。

この世で、自分の思うがままになるものはなに一つないのです。わたしたちは、思うがままにならないことを思うがままにしようとして苦しんでいるのです。

# 26

## 得る道ではなく捨てる道

なにももたないわれらは、
大いに楽しく生きている。
アーバッサラ神（光り輝く神）のように、
喜びを滋養として生きている。（二〇〇）

わたしたちはためることが好きです。必要なもの以外にも、「美しいから」「役に立つから」「捨てるのがもったいないから」と、いらないものをいっぱいため込んでしまいます。けれども、それは一時的にあらわれる現象にすぎません。

バラの花を生けたとします。それを適当な場所に置くととても美しく見えます。しかしそのバラが美しいといっても、それを暗いところに置けば、先ほどのあの美しさはまったくありません。

つまり、そのときの自分の心の状態や、周りの環境などによって、美しいとか大切だとわたしたちは思うのです。その条件が変われば、せっせとため込んだものにもうんざりしてしまうかもしれません。

そのことがよくわかれば、むやみにためることはなくなります。そもそもためようとするのは、根本的には不安があるからなのです。先行きが不安、仕事が不安、老後が不安だからといって、お金や知識や技術などをためて備えようとするのです。

今挙げたように、だからためようとするものは、たんにお金やものだけではありません。たくさんの友人や知人、知識や技術もためます。名誉や権力、功績などもためておきたくなります。しかし、いかにためても、絶対に安心ということにはなりません。不安は、いつでもつきまといます。なぜならこの世は「無常」だからです。変化しないものはなにもないからです。

「無常」にさからっていくら努力しても、ただくたびれて、さらに不安が生まれるだけです。


sati（気づき）の実践者は、（つねに）つとめ励む。

かれらにはよりどころはない。白鳥が池を立ち去るように、この世（今世）、あの世（来世）を捨てる。（九一）

仏教は「得る道」ではなく「捨てる道」を教えます。捨てる生き方を歩もうとすると、身も心も軽くなって楽な気持ちがずっとつづくのです。「すべてを捨てる」ということは「なにものにも依存しない」ということです。それはたんに、ものに頼らないことだけではなく、神であろうが仏であろうが、まったくなににも依存しない生き方なのです。それが真の自由ということです。

悟った人は、すべてのものが無常であることを実感して生活しています。だから、なにもためることはありません。心になんの不安もありません。食事さえも、体を維持するために必要な量だけにかぎります。空を飛ぶ鳥たちが、自分の足跡を空に残さないような生き方になるのです。

27

# 一切のかぶりものを取る

心の汚れを捨てていない人が、
黄褐色の法衣をまとって
自制しようとしないならば、
法衣にはふさわしくない。（九）

インドでは、黄褐色の服は、仏教の僧侶だけではなく出家者が着ます。とても心が落ち着く色なのです。植物は枯れていくと黄褐色になっていきます。白い着物でも、長く着ていれば黄褐色になってきます。それは、すべては枯れ老いて滅びゆくことをあらわしています。出家者は、俗世を離れたので、その色の衣を着るわけです。

袈裟《けさ》の原語は「カーサーバ」で、「黄褐色の衣」「アク、汚れ」という意味があります。俗世間を離れて袈裟を着ていても、心が俗世の汚れに満ちているならば、それは自分をも他人をもあざむいていることになります。その者は、袈裟を着るのにふさわしいとはいえません。

わたしたちは法衣を着なくても、「立派なかぶりもの」をつけようとします。いろいろなかぶりものを身につけます。会社や組織の名前、肩書き、学歴というかぶりものです。体の美しさや、才能や財産も含まれるでしょう。それは、ありのままの自分を隠そうとしたり、立派だと認めてほしいから着るのです。

外のかぶりものと中身の自分とのあいだに大きな隔たりがあれば、自分をごまかしていることになります。かぶりものに合わせて演技をしなくてはならないので、やがて苦しくなります。

立派なかぶりものにだまされてはいけません。大会社の社長とか、一流大学の教授と名乗ると立派な人格者と思われます。しかし、それらは所詮はかぶりもので、中身は普通の人間かもしれません。宗教の世界でも、立派な法衣を着ていて、あたかも聖者のように振舞っていても、ほんとうの姿は違うということがよくあります。人間に必要なことは、外のかぶりものではなく内の心の清らかさです。心の清らかさとは、嫉妬・憎しみ・怒り・貪りなどで心が汚れていないことです。仏教では「捨てろ、捨てろ」と言います。それは「一切のかぶりものを取りなさい」ということなのです。

# 28

# わたしも同様に死ぬのだと観察する

この体は衰え果てた。
病の巣であり、もろくも滅び去る。
腐敗のかたまりで、くずれてしまう。
生命は死に帰着する。（一四八）

死はどこにでもある客観的な事実です。花を見ていても、瞬間瞬間に死にかけています。わたしたちの寿命もかぎられています。体は疲れてきて、わたしたちは、瞬間瞬間、もう死にかけているようなものです。

「すべてのものは消えていく。同じようにわたしも消えていく」という経典のことばがあります。わたしたちは、「人が死ぬのは当たり前だ」と知っていても「自分は、まだ死なない」と思っています。お釈迦さまは、「死を瞑想として観察しなさい」と教えられています。

死の瞑想とは、さまざまな死に接したとき「自分もこのように死ぬのだ」と念ずることです。人間の死だけでなく、生きとし生けるものの死、それこそ動物や昆虫、植物などの死に接するたびに、「わたしもいつまでも生きているわけではない。わたしも同じように死ぬのだ」と、死というものを「わがこと」として観察していくのです。

この瞑想を深めていくと、やがて「死ぬのがこわい、どうしよう」という不安や恐れはなくなってきます。死というものは、当然のことわりであって、大したことではないとわかってきます。

すると、人とも争わなくなります。なにか不愉快なことを言われても、「そんなことはどうでもいいや。どうせいつか自分は死ぬんだから、争うなんて馬鹿らしい。それよりも相手と仲良くしよう」というふうになります。財布がなくなっても、リストラに遭っても、けっして投げやりな気分からではなく「まあいいか。みんななくなるものなのだから」という諦観に立てます。生き方が、とても楽になるのです。そして、そのことに気づいたときから、「今」が充実したすばらしい人生に変わっていくことでしょう。

## 29

# 自分が死ぬということを覚悟する

人びとは、
われわれは死すべきものだと気づいていない。
このことわりに、他の人は気づいていない。
このことわりを知る人があれば、
争いは鎮まる。（六）

この世の中でたしかなものは、たった一つしかありません。それは、自分が「死ぬ」ということです。ほかのものは、すべてが不確かで、変わりゆくものなのです。

そして、人はいつ死ぬのかわかりません。赤ちゃんだから、子どもだから、健康だから死なないということはありません。「自分が死ぬ」ということを覚悟したら、無意味な争いなどしなくなります。だれもが結局は死ぬのですから、そんなにびくびくしなくても、そんなに緊張してストレスを感じなくてもいいのです。それぐらい楽な気持ちでやれば、ものごとはうまくいくのです。

わたしの寺には、子どもの弟子が四人おりますが、いくら教えても間違ったことをやります。仕事を頼んでもよく失敗します。法事をまかせたら、信者さんに叱られます。何年も厳しく叱ってしつけようと努めたのですが、弟子たちは相変わらず同じ失敗を繰り返します。次第にわたしも、弟子にたいしていやな気持ちをいだくようになりました。弟子もわたしを見るたびに、「また叱られるのか」といやな顔をします。これでは人間関係は成り立ちません。

どうすればいいのかと悩んでいたとき、はっと気づいたのです。「自分はいつか死ぬのだ」。そう思った瞬間に、心の重荷が落ちてしまって、とても穏やかな気持ちになりました。「どうせ人間というのは完璧ではない。どうせわたしは先に死ぬ。かれらが大人になったとき、わたしはもういないんだ。そんなに完璧に弟子を育てようと苦労しなくてもいいんだ」と気がついて楽になりました。いまだに、「あれは間違い」「これは間違い」と目にはつきます。しかし、わたしとしてはリラックスして落ち着いていられるのです。

「人間は、確実に死ぬ」という認識は、とてもすばらしい生き方を与えてくれます。わたしたちは瀕死の病にかかる前に、このことを心に叩き込んでおかないといけないのです。死の床に入ってからでは遅いのです。

# 30

# こわれなければ創造はない

「すべてのものは無常である」（諸行無常）と
明らかな智慧をもって観るときに、
人は苦しみから遠ざかり離れる。
これこそ人が清らかになる道である。（二七七）

「すべては無常である」とは、「すべてのものが、瞬間瞬間、こわれている」ということです。こわれなければ、ものごとは成り立ちません。前の現象がこわれなかったら、つぎの現象は起こりません。破壊はあらたな創造に至る過程なのです。お米がこわれなければご飯にはなりません。ご飯を食べて、それがこわれなければ消化されずエネルギーになりません。新陳代謝とは、古い細胞が死んでこわれて、新しい細胞が生まれることです。体の細胞がこわれなければ、生きていくことはできません。

仕事をすること、生活すること、生きていることとは、こわれていく過程ということができます。結婚すれば、独身生活はこわさなくてはいけません。会社に就職したら、それまでの生活をこわさなくてはなりません。

すべてがこわれるものです。わたしたちの世界もこわれるものです。なに一つとして例外はありません。「自分だけがこわれたくない」ということはありえません。それは、どうにもならないことです。

人間にとっての最大の恐怖は、自分の生命がこわれること――すなわち「死」です。ブッダとは、目覚めている人のことですが、目覚めた人は、いつでも「死」という究極的な現実を実感しているから、なにも恐れることはありません。

宗教では、死んだら「来世」や「天国」や「浄土」があるとさまざまに教えています。けれども架空の世界を想定して、そこに信を置くのは「逃げ」です。逃げることで恐怖感は克服できません。真の自由を得るためには、恐怖の現実から逃げずに直面することです。

心をよく観察してみれば、つねに変化していることがわかります。ある心から別の心へと、瞬間瞬間、変化しています。寄せては返す波のように、「死んで生まれて、死んで生まれて」ということの連続なのです。そのことが真に実感できれば恐怖は消えていきます。

# 31

## 「知っている」と思う者が愚か者

もしも愚か者が、
みずから愚かであることを知るならば、
すなわち賢者である。
愚か者でありながら、
しかもみずから賢者だと思う人こそ、
愚か者だといわれる。（六三）

愚か者とは、どのような人をいうのでしょうか。「わたしは知っている」と思っている人が愚か者です。「わたしは知らない」という人は愚か者ではありません。「わたしは知っている」「わたしは正しい」と思っていたら、もはや成長はありません。「わたしは正しい」という思いにつつまれていたら、他人のことばには耳を貸しません。自己の振舞いを直そうとも思いません。

「わたしは知っている」という人には、教えてくれる人はあらわれません。「自分は仕事ができてすごいのだ」と思っている人には、協力する人があらわれません。そういう人は、いつかかならず失敗してしまいます。「わたしは知らない」「わたしは正しいわけではない」と思っているところに成長があるのです。

「自分は、どこかで間違いを犯すかもしれない」と思っていれば気をつけて生活できるでしょう。人に批判されたとしても「それもそうだ」と納得がいくものです。人になにか言われて腹が立つのは「自分が正しい」と思っているからです。

「わたしは知らない」と思えば、「これはどうやるのでしょうか？　教えてください」と訊くことができます。すると、みんな親切に教えてくれます。自分は未熟だということに気がついていれば、人間関係は円滑になっていくものなのです。

自分は愚かだということに気がついている人は、日々学びます。その人は、けっして愚かではありません。

愚かな者は、自分にありもしない尊敬を得ようと願う。
修行僧らのあいだでは高い地位を望み、僧院にあっては支配権を望む。（七三）

愚か者の特徴は、自分が賢者に見られたいということです。そういう人にかぎって有名な先生につこうとします。偉い先生のそばにいることをありがたがるのです。「自分はすごいぞ、知っているぞ」と見せかけるために、賢者のそばにいます。朝から晩まで、先生につきっきりでいるのです。「わたしは、あの大先生の弟子です」と言いたいのです。見栄を張って威張ろうとします。

しかし、いくら立派な先生のそばにいても、賢者に見られたいという気持ちでいたならば、なにも学ぶことはありません。「わかりたい、学びたい」という人は、ほんの少しでも真理に触れたならば、すぐにそれを理解することができます。あたかも舌の先がちょっとでもスープに触れたら、その味がわかるように。

「自分はなにも知らない」として学びつづける人は、かならず花が咲きます。人はいつ学ぶのが終わるかというと、それは死ぬ瞬間です。「学ぶのは死ぬまで。教えてもらうのは死ぬまで」。インドにはそういうことわざがあります。

32

# 慈悲の心を育てる

昼も夜も害を与えない（慈しみの心）でいる比丘は、
いつも覚醒してつねに冴えている。（三〇〇）

日常のなかで慈悲の心を育てるには、自分の気持ちを周りに広げてみて、相手の気持ちを理解してみようと努めることです。

たとえば満員電車に乗ったとき、「ああ混雑していやだなあ」と思うことがあるでしょう。そのときに「この電車に乗っている人も、自分と同じ気持ちなんだろうなあ」と、他人の気持ちを想像するのです。その瞬間に、それまでとは違う世界が生まれるはずです。

動物を見ても、植物を見ても、どんな生命を見ても、自分の心を広げてみるのです。すると、それぞれが等しく同じ生命で、大海のようにつながっているものだという感覚が生まれます。自分というものは、一滴の海水のようなものであって、特別な存在ではないということがわかってきます。その感情が生まれてきますと、「自分という我《が》」が消えていきます。

自我中心的な人は、いとも簡単に「他人を嫌いだ」と思ってしまうものです。

すると、相手も同じように「いやだ」という感情をいだきます。同じ質の感情が返ってくるのです。ですから、自分が他人にしてもらいたいのなら、まず自分が他人にたいしてしてあげることです。やさしくしてもらいたいのなら、まず自分が他人にやさしくするのです。心配してもらいたいなら、まず他人の心配をすることです。他人の幸せを願う行為は自分のためでもあります。

他人の幸せを願うことは、自分の心を喜ばせることになります。そして相手の心も喜びます。人の心が喜べば、同じ波動が自分に返ってくるのです。

人を祝福するとき、お互いがいい気分になります。祝福するほうも気持ちがいいし、されるほうも気持ちがいい。ともに喜び合えるのです。それが慈悲の働きなのです。

# 33

## 慈しみの心さえあれば

仏の教えを喜び、
慈しみに住する修行僧は、
一切の現象が鎮まることから生まれる
涅槃に到達するであろう。（三六八）

すべては心からでています。心があって、考え、話し、行動しています。すべては心のあらわれだから、心が汚れていればすべては汚れたものになります。心がささくれだって荒れていれば、争いが起きます。心が苦しめば、どこにいても苦しい世界です。天国に行けたとしても苦しいでしょう。

逆に、心が安らかであれば、どこにいても安らかな世界になります。やさしい慈しみの心があれば、すべては清らかになります。人間関係も円滑に進みます。平和な心があれば、平安な世界で暮らすことができます。

すべての発生源である心を清らかにすれば、自然に生きていけるようになります。だれかと会話をしていても、そのことばは相手にたいする憎しみや嫉妬、怒りのことばにはなりません。相手を傷つけることばではなく、自然と他の生命にたいしてやさしいことばになっています。

ところが、根源である心を清らかにしないで、「わたしはやさしいことばを使うぞ」と決意してみてもつらくなるばかりです。まずやさしい心を育てましょう。そうすれば、わたしたちの行動はやさしい行動に変わります。慈しみの心さえあれば、生き方そのものが、そのまま正しい生き方になってしまうのです。

お釈迦さまは「瞬間でも慈しみの心を育てなさい。それだけでも立派なことである」と説かれました。慈悲の心がなければ、もはや仏教ではないといってもいいと思います。慈悲は仏教の真髄なのです。しかし、慈悲の心はなにもせずに放っておいて生まれてくるものではありません。努力して育てていくものです。

お釈迦さまは、日常のなかで実践できるものとして、「慈悲の瞑想」を教えました。慈悲の心を育てるには、まず「自分自身が幸せでありたい」ということを、よく確認しなければなりません。そしてつぎに「自分だけが幸せでいられるはずはない」という当たり前の事実に気づくことです。自分の幸せは、周りの人びとの幸せがあってこそ成り立つのです。

慈悲の瞑想とは、どんなときにも心のなかで「すべての生命が幸福でありますように」と念じていくものです。まず「自分の幸せ」、つぎに「親しい人の幸せ」、そして「親しくない人の幸せ」「嫌いな人の幸せ」「自分を嫌っている人の幸せ」、最後に「生きとし生けるものすべての幸せ」を念じるのです。そして、できるだけ怒らないようにしていかなければなりません。ひとたび怒ったならば、慈悲の心はたちまち消えてしまいます。

「わたしを嫌っている人も幸せでありますように」「わたしが嫌いな人も幸せでありますように」と念ずるときには、やはり腹が立ったりするかもしれませんが、がまんして念じるのです。するとそのうちに、「あの人も、この人も幸せであってほしい」という気持ちになってきます。「みんなが幸せであってほしい。どうして、あの人たちは苦しんでいるのだろう」と、他人にたいする心の視野が広くなってくるのです。慈悲の瞑想が深まっていきますと、親しい人の幸せを念ずるときには、どんどん人数がふえていきます。

「生きとし生けるものが、幸せでありますように」と、朝から晩まで、寝ていても思いだせるほどに念じていくのです。

そうすると、自我中心の心が、徐々に、慈しみの心に変わっていきます。次第に人生の悩みや苦しみも消えていきます。こうして、慈悲の心が育つとやさしい心になっていくのです。人の幸せを喜べるような心になっていきます。それこそが、エゴを乗り越える道なのです。

# 34

## 自分で生んだ苦からは逃れられない

悪いことをした人は、この世で悩み、来世でも悩み、二つのところでともに悩む。かれは、自分の行為が汚れているのを見て、憂え、悩む。（一五）

善いことをした人は、この世で喜び、来世でも喜び、二つのところでともに喜ぶ。かれは、自分の行為が清らかなのを見て、喜び、楽しむ。（一六）

嘘をついたり、殺生《せっしょう》したり、他人に迷惑をかけたり、悲しみを与えることは悪いことです。悪いことをすれば、まず自分自身が悩み苦しむことになります。よいこととはなにか。悪いこととはなにか。それは説明しなくても、自分自身が「実感」としてわかることです。

よいことは、ほんの些細なことでもやってみれば、「これは気持ちがいい」「安らぎが得られる」と実感できます。悪いことをする人は、その行為をする前から悩み苦しんでいます。そして、悪いことをした瞬間にも苦しみます。そのあとも、思いだしては苦しむことになります。苦しみが苦しみを呼ぶのです。たとえ悪事がバレなくても、自分自身の苦しみからけっして逃れることはできません。

わたしたちは、いつでも自分を評価して生きています。どんなに高得点をつけたくても、悪いことをすれば評価は下がります。よいことをすればおのずと評価は上がります。とてもいい自己採点ができます。いずれの評価も自分自身が「実感」としてわかるのです。

何事もうまくいっていて、自分も家族も幸せな人は、他人に危害を与えたり、迷惑をかけるようなことはしません。自分が明るくて充実しているときには、思わず微笑んでしまいます。挨拶することは、とても気持ちがいいし、なんの抵抗もありません。心に喜びを感じながら、よいことをすればするほど、周りからよい反応が返ってきます。自己を採点すると、うまくやっているという満足がさらにふえます。すると、さらによいことをしたくなります。

よい行為をする人は、「今」に喜びがあり、これからも喜ぶことができるでしょう。悪い行為をすると、悩みや苦しみがふえるばかりです。今も悩み、これからも悩むことになるでしょう。

# 35

## 小さな過ちにこそ気をつける

その報いは来ないだろうと思って、
悪を軽んじてはいけない。
水が一滴ずつしたたり落ちるならば、水瓶を満たす。
愚かなものが、
些細な悪を積み重ねるならば、やがて悪を満たす。
悪を積むならば、
やがてわざわいに満たされる。（一二一）

たとえば、強盗や殺人などの犯罪が発生すると、世の中は大騒ぎになります。しかし、事件という結果だけを見て、あれこれと議論をしても問題解決のいとぐちは見つかりません。ニュースになるような犯罪の多くは、一人ひとりの日々の生き方に原因があるからです。

わたしたちは、「小さな悪いこと」をいくらでもしています。毎日やっている小さな悪いことを放置しておくと、やがて大きな殺人や盗みという結果に結びつくかもしれません。

小さなことをいい加減にしていると、大きな罪も平気で犯してしまうようになります。だから、日々行なっている小さな過ちにこそ、目を向けなければなりません。「悪いこと」は、どんな小さなことでも、たとえ一回であっても、けっして行なわないと心に決めるべきなのです。どんな小さなことでも、それを行なってしまうと、やがて癖になって心が汚れてしまいます。

仏教には「戒律」があります。戒律を守ることが仏教者の基本です。戒律というものは、悪から遠ざかって、よい習慣をつけるためのものです。心を清らかにすることを目的としています。

「盗むなかれ」という仏教の戒めは、糸一本でも他人のものを盗ってはいけないのです。「これくらいなら、平気だろう」という心でいると、大きな悪でも「これくらいなら、いいや」という気持ちになってしまいます。「百円くらいなら盗んでも平気だろう」と思う人は、会社のお金をごまかして数千万円もの大金を盗んでも平気になってしまいます。

小さな嘘をつく人も同様です。「嘘をつくのは仕方がないときもある。嘘も方便だ」などと例外をつくります。

人間というものは一つ例外をつくると、どんどんと都合のいいように解釈していきます。「敵ならばいい。悪人ならばいい。自分の生命を守るためには、他人を殺しても構わない」というように、どんどんとエスカレートしていきます。例外をつくることで、すべてを台無しにしてしまいます。

たとえ自分が殺されるようなときでさえも、けっして相手を殺してはならない、とお釈迦さまは説かれています。悪いことにけっして例外をつくってはいけないのです。

# 36

## 心によい癖をつける

悪事に生き甲斐を感じて、それを繰り返してはならない。悪が積み重なるのは、苦しみである。（一一七）

善いことに生き甲斐を感じて、それを繰り返しなさい。善いことが積み重なるのは、楽しみである。（一一八）

ほんとうに自由な心とは「どんなことがあっても波立たない、こだわらない心」です。しかし、人は長年にわたって形成されてきた心の癖のために、なかなか真の自由というものを得られないのです。

自由になる道は遠いものです。しかし、よいことを繰り返し行ない、心によい癖をつけていけば、かならずそこにたどり着きます。

水が一滴ずつしたたり落ちて、やがて瓶を満たすように、少しずつ、ゆっくりでもよいのです。道を歩いていて、落ちていた空き缶を拾ってゴミ箱に入れるとか、汚れていたらちょっと拭いてきれいにするとか、そんな小さなことからやればいいのです。それが習慣になって心によい癖がついていきます。

反対に「悪いこと」は、どんな些細なことでもやってはいけません。些細なことでも放置しておくと、やがて心に悪い癖がついてしまうからです。

心についた癖は、そう簡単には変えられません。いったん癖がつくと、またそのとおりに行動し、癖はさらに強化されていくのです。ですから、正しい癖をつけるようにしなければなりません。

犬に吠えられて怖くなった子どもは、どんな犬を見ても怖くなってしまいます。おいしい食べ物は、たびたび食べたくなります。小さいころ、本を読んで感動したら読書家になります。ちょっとしたことでも怒る癖がついたら、さまざまなところで人間関係の問題を起こして苦労することになります。いったん悪い癖がついたら、どんどんそれが強化されていくので、不幸になってしまいます。よい癖をつけた人びとは幸福になっていきます。

やさしいことばをかけることは、お金がかかるわけではないし、だれにでもできることでしょう。寝たきりの病人になっても、もはや余命がいくばくもないという人でも、できることです。看病してくれる人に、「ありがとう。世話になったね」とお礼を言うことはできるでしょう。

親孝行することもいいことです。両親にとっては感謝のことばほど嬉しいことはないのです。親にずっと迷惑をかけてきても、わが子から「今までごめんなさい」「お父さんのことは、大好きです」とひと言言われたら、こんなに嬉しいことはないのです。それまでの苦労は飛んでいってしまうのです。

しようと思えばできるよいことは、身のまわりにはたくさんあります。「今、忙しいからできない」「病気だからできない」などという人は、暇になっても病気が治ってもできません。

どんなときでも、よいことをしようと心がけていると、智慧が磨かれていくのです。

## 37

# 自分が喜び人も喜ぶ

後悔する羽目になる行為は、しないほうがよい。その報いを受けて、涙を流して泣くだろう。（六七）

後悔する羽目にならない行為は、進んで行なったほうがよい。その報いを受けて幸せになるだろう。（六八）

まず「よいこと」について考えてみましょう。それは何事であれ「後悔しないで、嬉しく喜んで、その報いを受ける」ことだ、とお釈迦さまは教えています。自分には喜びであっても、他人に迷惑をかけるのは、よいことではありません。また他人には喜びであっても、自分が苦しむのも、よいことではありません。「よいこと」とは、「自分が喜び、他人も喜ぶ」行ないです。そして、「あとで後悔しない」ことです。

「悪いこと」とは、「自分が苦しみ、他人も苦しむ」ことです。そして「あとで後悔する」のです。だから行動を起こす前に、その行動によって、わずかでもあとで後悔することになると思うならば、そういう行動はやめましょう。結果もよくて、あとで思いだしたときもよかったと思える行動をすることです。「よいこと」をすれば、「よい結果」がでます。これには例外がありません。「そこそこの結果」しかないというのは、「そこそこのこと」しかしていないからです。

よい結果を得るために、よいことをしようとする人がいます。それは、取引や投資のようなものです。よい結果がでなければ、そういう人は不満や怒りがでて心は汚れていきます。よいことをする目的は、よい結果を得るためではなく「心を浄めるため」なのです。

そのためには、スポーツの選手のように、毎日毎日、休まずに訓練しなければ身につきません。ちょっとでも休むと後退してしまうからです。まず、「よいことをしよう」と心に決めることです。そうすると、よいことをする機会は、いつどこにでもあることがわかります。電車に乗っていて、座っている自分の目の前にお年寄りがいたら席を譲ることができます。でも、わざとらしくすると、されたほうは気持ちがよくありません。なんの意識もせずすっと立てば、気持ちよく座ってもらえるのです。なんのこともなく、普通に自然にさっと、よいことができるようになればいいのです。

38

## 真の勇者とは

よいことをするためには、
ためらってはならない。
善をなすのに躊躇《ちゅうちょ》していたら、
心は悪を楽しむことになる。（一一六）

心は弱いものです。「わたしはけっして悪いことをしない」などと、過信しないほうがよいのです。ちょっとした隙があれば、心は悪い方向へ行ってしまうものです。

心はいつも簡単なこと、楽なことから先にしようとします。心は放っておくと危険です。たとえば子どもがなにか悪いことをやらかすと、思わずカッとなって怒ることがあります。怒るのは簡単でやりやすいからなのです。諄々とさとすことは面倒なのです。怒りの感情で子どもを叱っても、子どもには効き目がありません。それは叱った本人も気がつくので、あとから後悔することになります。

また人は、「だれも見ていないから」「バレないから」「一回だけだから」という気持ちで、悪いことをしてしまうものです。平気で悪いことをする人びとは、勇気があるように見えるかもしれません。

しかし、それはただたんに気が弱く、心が楽な方向に流されただけのこと。その衝動に打ち勝てなかったわけです。
心は悪い方向に行くほうが楽なのですから、よいことを実行するためには、かなり強い決意が必要です。意志が弱い人は、よいことが実行できません。よいことをする人こそが、真の「勇者」なのです。

戦場において百万人に打ち勝つよりも、ただ一つの自己に克つ者こそ、最上の勝利者である。（一〇三）

己にうち克って、つねに落ち着いている人の勝利を破ることとは、神もガーンダルヴァも、悪魔も、梵天もできない。（一〇四、一〇五）

気が弱くて怖がりな人は武器をもとうとします。自信のない人は強がります。

不満のある人は派手に自己主張をします。抑圧された人は懸命に権力や地位を手に入れようとします。

ほんとうに強い人、自信のある人、能力のある人は、そんな愚かなことはしません。もちろん他人のせいにしたり、他人の非をとがめて攻撃するようなこともしません。自分自身に満ち足りていますから、いつも落ち着いていられるのです。

# 39

## わたしたちは依存症にかかっている

夢中になって、人は花ばかりを摘む。
欲に満足することなく、死に征服される。（四八）

わたしたちは、みななにかの「依存症」にかかっています。今、依存症でなくても、つぎの瞬間に依存症にかかることもあります。いわば依存症のキャリア（保菌者）なのです。依存するものは、酒、金儲け、仕事、賭け事、おしゃべり、テレビなど、かぎりなくあります。酒や賭け事に依存するのはよくない、ということはだれにでもわかっています。けれども、わたしたちはグルメやブランド、健康食品といったものに依存して生活しているかもしれません。インターネットに依存し、つぎからつぎへと調べたりして、何時間も費やしもします。

依存すると、本来なすべきことをあとまわしにしてしまいます。「今、なにをするべきか」がわからなくなるのです。普通の人なら、朝起きたら顔を洗って食事をします。しかし、アルコール依存症の人は、朝起きるとすぐに酒に手がいきます。賭け事に依存している人は、子どもの学費でさえも賭け事に使ってしまいます。家を売ってでも、賭け事をする人もいます。炎天下の車中に子どもを放置したままパチンコに熱中して、子どもを死なせてしまった親がいました。なんと愚かなことでしょうか。

なにに依存するかが問題なのではありません。依存すること自体がよくないのです。たしかに仏教を学ぶことや、ボランティア活動に励むことはいいことです。しかし、それに依存すれば、やはり自分を見失っていくのです。わたしのところに学びに来る人のなかで、よく「命がけで仏教を学びます。仏教に命をかけます」という人がいます。けれども、そういう人で修行が進んだ人はいません。「命がけ」とか「必死でやります」という人は、そのことにしがみついているわけです。「仏教に依存している」といえましょう。ものごとは真剣すぎるのもよくないし、いい加減でもよくない。だから、中道が大切なのです。

さあ、修行者たちよ。お前たちに告げよう。

もろもろの事象は過ぎ去るものである。
怠ることなく（不放逸にして）修行を完成しなさい。（大パリニッバーナ経）

これはお釈迦さまの最期のことばです。「不放逸であれ」とお釈迦さまは説かれています。不放逸とは、パーリ語では「アッパマーダ」といいます。「そのときそのときに、なにをするか、わかっている」ことです。この瞬間にどうするべきか、つぎの瞬間はどうすべきか、そのときに気づいていることです。反対に「パマーダ」とは、「放逸に耽ること」「溺れること」「過度に依存すること」を意味します。「心が酔っていて、自分がなにをしているのかわからない状態」をいいます。

今、なにをやるべきかをよくわかっていて、それをきちんとやること——それが、不放逸です。不放逸であることで心は育っていくのです。

40

## 依存する心と戦う

この体は水瓶のようにもろいものだと知り、
しかしこの心は城郭のように防備する。
智慧の武器をもって、
悪魔（心の汚れ）と戦う。
克ち得たものをそれに執着することなく守る。（四〇）

インドの水瓶は、素焼きでつくられています。表面から水分が蒸発して温度を奪うので、水が冷えて美味しくなります。水が汚れていても、汚れは瓶の底に沈むので、一日たてば飲むことができます。ただ、素焼きの瓶は、手で叩いてもこわれるほどもろいものです。

わたしたちの体も、この素焼きの水瓶のようにとてももろいものです。いくら体を鍛えても、交通事故に遭ったり、細菌に冒されたり、食中毒で死ぬこともあります。わたしたちは、かろうじて生きているようなものなのです。体がそのようにもろいものなら、心はどうでしょうか。

心だって、もろいのです。お釈迦さまは、「体は水瓶のようにもろい。心は大きな町のように混沌としている」と言われました。大きな町には、王様もいれば、商人も、泥棒も、人殺しも、ホームレスも、ありとあらゆる人がいます。悪いことも、よいことも起きている。汚いといえば汚いし、きれいといえばきれいです。安全であり危険、便利であり不便、自由であり不自由……。心もまた、そういうものなのです。

体は水瓶のようにもろくて、心は町のように矛盾だらけで混沌としています。それが、わたしたちなのです。そのままでは安らぎがありません。だから、お釈迦さまは「智慧の武器をもって戦いなさい」と言います。

戦うとは、だれかと戦うことではありません。自分のなかの依存する心、歓楽に耽る心と戦うのです。なにかに執着し依存してしまうと、依って立つものがこわれるたびに苦しむことになります。依存するものがなければ自由です。最終的には体にも心にも依存しない、どちらにも執着しないのが仏教の目的なのです。

41

# 自分を拠り所とする

自分こそ自分の救済者である。
他人がどうして自分の救済者であろうか。
自己をよくととのえることで、
得難い救済を得る。（一六〇）

そもそもお釈迦さまの教えには、だれかに救ってもらおうとする他力的なものはありません。だからといって、お釈迦さまは他の宗教とも対立しませんし、基本的に相手の考えを否定することもなさいませんでした。でもたった一つだけ、お釈迦さまが真っ向から否定している教えがありました。それは六師外道《ろくしげどう》と呼ばれた一群のなかの一人、マッカリ・ゴーサーラの教えです。

マッカリ・ゴーサーラは「すべては宿命だ」と説きました。一つの原因ですべてが決められている。ものごとは全部定められているから、なにもする必要はない。巻いた毛糸をほぐせば、ほぐれながら糸玉は小さくなり、ついには一本の糸となってなくなる。そのように人間は何劫《こう》くらいで王になる、何劫くらいで奴隷になる、何劫くらいで修行者になる、と定められている。すべては決まっていて、輪廻転生を繰り返して終わっていく、という教えなのです。つまり、人間の意志や努力というものを否定しているのです。

この教えについて、お釈迦さまはつぎのように述べられています。

小さな小川があって、そこで網をかける。小魚であろうが大きな魚であろうが、ヘビであろうがカエルであろうが、みんな網にかかってしまう。網にかかればみんな死んでしまう。そのように、かれの教えは人びとの努力を否定して、みんなを悪い方向へもっていってしまう――。

マッカリ・ゴーサーラの教えと同じように、他力的な考えには人間の意志や努力を否定してしまうところがあります。ですから、お釈迦さまの教えとは違うのです。お釈迦さまは「自分以外のものに頼ってはいけない」と説かれました。「スッタニパータ」という最古の経典には、「わたしは救済者ではない。指導者である」ということばがあります。

ある行者が「どんなに苦行をしてもたくさんの苦しみがあります。どうか、わたしを救ってください」とお願いすると、お釈迦さまは「わたしはだれも救うことはしません。あなたが自分で真理を発見してみなさい」と言われました。

「わたしは道を説くけれども、それを実践するのは、あなた方一人ひとりの自由意志です。みずから実践して、そして体験としてつかめばよい」

これがお釈迦さまの基本的な姿勢です。つねにみずからを拠り所とするのが、仏教の教えの根本なのです。

42

# 実践するだけで問題は解消する

真理を喜ぶ人は、
澄んだ心で清らかに暮らす。
聖者の説いた真理を、
賢者はつねに楽しむ。（七九）

あらゆる宗教は、創造主とか神さまとか霊魂といった概念をもちだします。あるいは、浄土とか天国とか、形而上学的な雲の上の理想的な別世界を描きます。ところがそれが正しいかどうか、人間にはわからないのです。そのような形而上学的なことよりも、わたし自身が平和であるためにはどうしたらいいのか、ということが問題なのです。

その「わたし」というのは「今、ここのわたし」です。昨日の自分はいないし、明日の自分はまだあらわれてはいません。だから心配すべきは「今の自分」なのです。

過去をもち運んでいると悩み苦しむことになります。未来を思うと不安と混乱で苦しむことになります。でも「今の自分」は真理とともに、ここに存在します。だから「今、ここの自分」はどういうものかと、しっかり観察していくと、心は見事に清らかになって安らぎを得られます。

真理というのは時間と空間を超えた「どこか別のところ」に、実体として存在するわけではありません。時間軸でいうと、存在するのはつねに「今の瞬間」だけなのです。空間軸では、「ここ」です。そうすると、真理とはつねに「今、ここ」にあるのです。「今、ここ」をありのままに観るところに真理があるわけです。「今、ここ」の自分自身を離れて、「宇宙の真理とはなにか」「仏とはなにか」などと延々と論じても意味がないのです。そのような論議は、生き方とはまったく関係ないことであり、それによって心が清らかになるわけではありません。

多くの宗教は、宇宙の根本原理とか創造主としての神のような、具体的・現実的にはとらえることのできない観念を信じるところから始まります。仏教でいう「信」とは、なにかをやみくもに信じるというような「信仰」ではありません。事実の具体的な観察によって得られる深い理解なのです。いわば「確信」ともいうべきものです。

お釈迦さまは、「真理であるのなら、だれもが実践できることでなくてはならない」と説かれました。お釈迦さまの教えは、たとえ信じていなくても、みずから実践してみれば実感としてわかってくるものです。そのすばらしいところは、実践するだけであらゆる問題は解消していくことです。だから、実践してみずからがたしかめていけばいいのです。

43

## 仏を念ずる

仏弟子は、
いつもよく覚醒していて、
昼も夜もつねに仏を念じている。
（二九六）

仏を念ずる。それはお釈迦さまとはどういう方かと具体的に確認することをいいます。お釈迦さまを具体的に念じていくと、人生のアドバイスが得られたり、励みになってみずからを高めることができます。

上座仏教の国では、お釈迦さまの像に向かって礼拝します。お釈迦さまは、わたしたちの偉大なる指導者、師匠であり、慈愛をたたえた母親のような存在なのです。お釈迦さまは雲の上の人ではありません。人間として生まれて人格を完成された人なのです。どんなことで悩みがあっても、お釈迦さまはみごとに答えをだしておられるのです。だから、わたしたちはお釈迦さまという人格を尊敬し、生き方を学び、教えを実践するために礼拝しているのです。お釈迦さまが歩んだ道は、わたしたちの模範になるのです。

お釈迦さまのことを「如来」といいます。如来の徳の一つは、かならずみずから実践したことを人びとに語っていることです。みずから実践していないことを語ることはないのです。お釈迦さまを模範とするのであれば、わたしたちも他人に言うばかりではなくて、みずから実践しなくてはなりません。自分の子どもにたいしても、だれにたいしてもそうです。

生きるということは、たいへん苦しいことです。逆境に遭うと、悲しみにおちいってしまうこともあるでしょう。でも、お釈迦さまのことを念ずると、自分に負けてはいけないという気持ちになります。

お釈迦さまは六年ものあいだ大変な苦行をされました。それは、どんな逆風に遭っても、それを乗り越えるのだ、負け犬になってはいけないのだ、というメッセージでもあります。だから、お釈迦さまのことを念ずると、心が明るくなり、落ち着いてきます。困難があっても、それを乗り越えていこうという気持ちになります。

また、わたしたちは欲をだして失敗します。だからお釈迦さまを念じるのです。すると欲から離れようという気持ちがわいてきます。

お釈迦さまにたいして、いろいろな王様が寄進を申しでたり、人びとはさまざまな布施をしました。しかし、お釈迦さまはそれにしがみついて、欲にかられることはありませんでした。病気になっても、すべては移ろいゆくものだと、淡々としていました。

このようにお釈迦さまの人生そのものが、この世に誕生したときから死ぬときまで、ずっと模範になるのです。

お釈迦さまを念じていると、けっして悩んだり、途方に暮れたりすることはありません。熟睡してさわやかに目覚めたときのような、あの爽快な気持ちで一生涯を生きることができるのです。

## 44

# 法を念ずる

仏弟子は、
いつもよく覚醒していて、
昼も夜もつねに法を念じている。（二九七）

わたしたちはお釈迦さまだけではなく、法も念じます。法とは「教え」です。法を念ずるとは、お釈迦さまの教えをつねに考えていることです。いくらお釈迦さまが模範だといっても、今、実際には生きておられません。お釈迦さまが、この世からいなくなった時点で、教えがお釈迦さまのかわりをするのです。お釈迦さまご自身も、遺言として「わたしが亡くなったあとの指導者は、わたしの教えです」と説かれています。

法を念ずると、どんな問題に出遭っても「どう対応すべきか」「どのように生きるべきか」がわかってきます。

世の中には、さまざまな誘惑があります。わたしたちが欲にかられて怒りの心で生きていれば、修羅道《しゅらどう》や餓鬼道《がきどう》、畜生道《ちくしょうどう》におちいってしまうでしょう。けれども、法を念じていれば、外から誘惑されても自分を戒《いまし》めることができます。「悪いことは悪い」と言いきる勇気がでてきて、おのずと明快な答えがでてきます。

お釈迦さまは、人生にたいしてあらゆる実験をされています。だから、その教えを念じていれば、暗闇のなかで道をさまよい、失敗することはありません。ロスがなくなるのです。人生は、あともどりがききませんから、やってみなくてはわからないというのは、とても危険なことです。なにかをためしに十年間やったとします。もし失敗したら、再び十年前にもどることはできません。だから、なにかをためす前にお釈迦さまの教え（法）から学ぶのです。

お釈迦さまは「怒りをもって、見栄をもって、高慢をもって行動すると、確実に悪い結果になる」とおっしゃいました。やさしい気持ちで、人を助ける気持ちでいれば、たとえ望んだ結果にならなくても、けっして悪いことにはなりません。最小のものであろうと、よい結果になるのです。

お釈迦さまは「人生は苦しみである」とも説きました。法を念ずるとは、「それは、どういう意味だろうか。なぜお釈迦さまは、そのように説いたのだろうか」と考えるのです。

この世には、客観的な苦や楽というものはありません。楽しみだけを追っていると、すぐに苦になります。シーソー遊びは、上に行くと気分が爽快です。しかし、ずっと上にいたままではちっともおもしろくありません。上に行ったり下に行ったりするからおもしろいのです。人生とは、このシーソーのように、苦楽が循環しています。

究極的には、いくら幸福を追い求めても、人生は不満足に終わります。「その不満足というものが苦である」とお釈迦さまは説かれたのです。

さらに「生老病死が苦である」とも説かれました。「生苦」とは、生まれる苦しみです。もっとも、わたしたちは、生まれたときに苦しいかどうかは覚えていません。しかし、母親の場合には、あれほどの苦しみはないでしょう。もっとも苦しみを味わうのは産むときなのです。「老苦」とは、老いる苦しみです。歳をとることは、喜びではありません。体力は落ちる、視力が落ちる、腰が曲がる。ひざが痛い、腰が痛いと言いながら一歩一歩、歩くのは大変なことです。「病の苦しみ」「死の苦しみ」はいうまでもないことでしょう。だれにとっても、生老病死は苦しみであり、例外ではありません。

このように、お釈迦さまの教えを一つ一つ考えていくこと。それが「法を念ずる」ことです。

法を念ずれば、かならずわたしたちの生き方は変わります。「なるほど、お釈迦さまの教えはすごい」と納得し、心がしっかりと確立されていくからです。

# 45

## 智慧があるとは心になにもないこと

無知な人には精神の安定統一はありえない。
精神を安定統一しなければ、
智慧はあらわれない。
精神の安定統一と智慧が備わっている人は、
涅槃に近づく。（三七二）

人はいつも頭が混乱して、感情に振りまわされています。好きだから飛び込み、いやだから逃げ、怒れば攻撃するという生き方なのです。それは理性のない危険な状態です。

子どもは、いやだったら泣きわめき、欲しかったら欲しいと泣きわめいて、親がいくら言っても聞きません。では大人になって、それをやめたかというと、そうでもありません。相変わらず子どものときと同じように感情に支配されています。だから、総合的に見て人生はうまくいっていないのです。

なにをするにしても、大切なことは精神的に落ち着くことです。精神的に安定すると、明晰にものごとを観ることができます。感情に振りまわされないから、正しい理性的な行動ができるようになります。

若い人が感情にまかせて、遊びほうけてゲームやギャンブルに向かえば、お先真っ暗な人生を歩むことになるでしょう。しかし理性にもとづいて考えれば、やはりきちんと仕事をすべきことがわかってきます。感情が高ぶっても、理性でそれをきちんと抑えて、なすべきことをするということになれば、将来は見込みがあるわけです。

精神的に安定していると智慧も知識も備わってきます。知識とは概念を理解して頭に入れることです。けれども、ときには知識は危険をもたらす場合があります。知識が発達し、科学技術が進歩したら核兵器がつくられました。ひとたび核を使えば地球は終わりなのに、それでもつくろうとします。それは明らかに愚かな行為なのです。だから、知識だけでは幸福の役に立たないのです。

知識がありすぎると、判断ができなくなります。まったく無知で行動できない人と同じなのです。だから、ものすごく難しい道を歩んでも、結局はもとのスタートラインにもどってしまうことになります。両者の違いは、疲れているか否か、といった程度しかないのです。

一般的には、勉強すれば頭がよくなると思われています。しかし、現代人は情報や知識を詰め込むだけですから、かえって頭が悪くなっています。なんのために知識や情報を蓄えるのか、ということを考えずに詰め込んでいるからです。それでは、結局のところ、なにもわかっていない。だからといって、「なにも知らない」とも言えないのです。頭のなかはなんの役にも立たない知識が雑然としているだけなのに、「知っている」と思っているわけです。余計な知識によって、ものごとを明晰に見ることができなくなっているのに……。

智慧があるということは、「明晰である」ということです。特別に「なにかがある」ことではありません。じつは「特別になにもない」ことなのです。「心のなかになんの価値判断もない」ことです。ある価値判断や、特定の主義とか考えを強くもっていると、それにあてはまるものしか見えません。あるいは、なにかの知識にしがみついていると、それで頭がいっぱいになりますから、他のものが入らなくなってしまいます。

頭のなかに「なにもない」場合は、とらわれがありません。そのときそのとき、どんなものでも入ってきます。

「入ってくるものは受け入れる。しかもそれには執着せず、もち運ぶことはない」——それが、智慧があるということなのです。

そういう人には、こだわりがないから、争うことがありません。役に立つ知識は宝になりますが、なんの役にも立たない知識はゴミです。とても高価な衣装でも、まったく使わなければゴミ同然です。世の中では、テレビや週刊誌などによって、興味本位に情報が垂れ流されています。それらは、欲望をあおって不安をかき立てるだけの無用な残飯です。無駄な知識は不要なだけでなく、かえって命取りにもなります。

やみくもに知識を詰め込みますと、あまりに余計なことを考えすぎてしまうのです。そうすると妄想がふくらんできます。そのため、今やるべきことがおろそかになって、いつも不安と焦りで追い立てられているような生き方になってしまうのです。

仏教では「自分の役に立ち、人の役にも立つものだけを学びなさい。そうでないものは、やめなさい」と教えています。

人間にとって、もっとも大切な勉強とは、自分の心をきちんと育てることです。それには「無条件ですべての生命を愛する」ということをつねに心のなかにとどめておくことです。すると、どんな知識もすばらしく役に立つのです。それが智慧とともに知識を得る方法なのです。

すべてのものは無常で、変化しないものはないのです。そこがわかれば、心は自由になります。それが智慧の完成です。

46

## そのつど、そのつど、気づく

賢者は、順次に少しずつ、
そのつど、みずからが汚れを除く。
鍛冶職人が銀の汚れを除くように。（二三九）

人間には、立派になりたい、清らかな心になりたいという気持ちがあります。どんな宗教でも、理想的な人格の完成をめざします。でも、たいていはうまくいきません。ある者は、心を清らかにしようとして、極端な原理主義的な方向に走ります。また、ある者は「そんなことはできっこない」と尻込みをします。ともに、心を清らかにすることを知らないのです。

お釈迦さまは「順次に少しずつ、そのつど、そのつど、磨くのだ」と言われました。悟ろうとか、人を救おうとか、大胆なことを考えるのではなく、少しずつ、そのつど、そのつど、努力するのです。

ものごとには順序次第があります。最初の一歩を踏みだしていけば、やがて完成に至ります。そして、その際には、「そのつど」というのが大切なポイントです。

だれかに出会い、なにかに触れて、怒りや悲しみがあらわれます。なにかの縁に触れて、人を殺すなどということもないとは言いきれません。つまり、そんな瞬間まで感情が高ぶるのを放っておいたら、もう、リセットなんてできないのです。

よいことをするにしても、悪いことをするにしても、それを「する瞬間」というものがあるのです。怒るときも、嫉妬するときにも、その瞬間があります。だから、大切なことはそのつど、その瞬間に気づくことなのです。怒りが起こりそうになったら、その瞬間に気づくのです。怒りが爆発しそうな瞬間に気づいて、その瞬間に釘を打っておくのです。そうすると、悪というものは繁殖しないのです。けっして、人殺しや大きな悪事は起こさないのです。

おもしろいことに、瞬間の感情というものはとても簡単に完了できるのです。気づいた瞬間に、完了してしまうのです。しかし、怒りの感情が入り込んだ瞬間、それに気づかず放っておくと、ウイルスのように瞬時に増殖してしまいます。爆発するまで増殖するのでどうにもなりません。

だから、そのつど、その瞬間に気をつければいいのです。それをつづけていくと、やがて心は清らかになっているのです。

鍛冶職人が汚れを落とすように、少しずつやればいいのです。それはどんな人でも、だれにでもできることなのです。

47

# 中道とは超越道である

あらゆる道のなかで八正道がもっともすぐれている。
あらゆる真理のなかで四諦がもっともすぐれている。
あらゆる徳のうちでは離欲がもっともすぐれている。
人びとのなかではブッダがもっともすぐれている。（二七三）

人間の生き方、道というものはたくさんあります。どんな人の教え、生き方がいいのか。それは簡単に判断することはできません。

しかし、お釈迦さまは、「八正道がもっともすぐれている」と断言されています。世の中には「一〇〇％よいもの」も「一〇〇％悪いもの」も、一つとしてありません。すべての現象においては、極端な二つのものは成立しえないのです。極端な二つのものがぶつかり合うとき、やがてどこかでかならず「まあまあ、いいところ」におさまるのです。

自然界の事象でも、いつでも、「まあまあ、いいところ」でおさまります。地震という現象も、地殻変動によって地球内部の均衡がくずれたためですし、これたことで再び均衡がたもたれるわけです。人間の世界でも同じです。人と人、あるいは国と国がぶつかり合って、いろんな痛い思いをするけれども、最終的には「まあまあ、いいところ」におさまっていく。それが国家間の争いならば、勝者と敗者が決まり、再び均衡がたもたれるわけです。でも、それが両者にとって納得のいくかたちでおさまるか、というとかならずしもそうはならない。結局は争いに勝っても負けても、互いに不満が残るわけです。要するに、そこには正しい道は存在しないのです。

しかし、お釈迦さまは、それらを超越した道を示されました。それが「中道」です。「中道」は、「極端の真ん中」とか「均衡を取る」ことではありません。それは「超越道」ともいうべきものです。中道の生き方とは「判断をしない生き方」「決めつけない生き方」です。

ところで、この世の中に起こるさまざまな問題は、すべてこの中道的な智慧が欠落しているからです。わたしたちは、日々の生活のなかで、さまざまな判断をして生きています。ものごとは、すべて二面性、いや多面性の部分があって、どれが正しいと決めつけることができません。たとえ、ものごとを多面的にとらえても、そのすべてを認識することはできません。ましてや、ものごとを一方的に決めつけたり、偏ったものの見方をしていたら、問題はますますこじれるばかりです。

中道の見方、生き方を身につけるには、どうしたらいいのでしょうか。お釈迦さまは「中道とは八正道を歩むことだ。幸せに至る道は、この八正道しかない」と説かれています。わたしたちは八正道、すなわち「正見《しょうけん》」「正思惟《しょうしゆい》」「正語《しょうご》」「正業《しょうごう》」「正命《しょうみょう》」「正精進《しょうしょうじん》」「正念《しょうねん》」「正定《しょうじょう》」という八つの実践によって、あらゆる偏見を乗り越えて、すべての事象を客観的に観ることができます。八正道は、だれもが納得して歩むことのできる道です。

「正見」とは、偏見をもたない正しい見解――ものごとをありのままに観ることです。

「正思惟」とは、考え方が正しく、論理的に考えることです。お釈迦さまは「怒りのわくようなことを考えてはいけない。慈しみのわくことを考えなさい。非暴力のことを考えなさい。欲から離れることを考えなさい」と教えています。

「正語」とは、嘘をつかない、きついことばを言わない、無駄話をしないことです。

「正業」とは、正しい行為――殺生や盗みや邪な行為をつつしむことです。

「正命」とは、正しい仕事です。他人のものを盗んだり、人をだますような仕事は正しくない仕事です。正しい仕事とは、正しい手段で多くの生命のためになるものです。たとえばお医者さんは、人を助けているのですから立派な仕事です。本を書く人は、それを読んで助けになるのだったら、それは立派な仕事といえるのです。

「正精進」とは、正しい努力です。心を清らかにすることに努めること。感情的になることをやめる努力です。このチャレンジが精進です。

「正念」とは、しっかり気づくこと。過去を悔やまず未来のことを心配せず、この今にしっかり気づいて、確認して生きることです。

「正定」とは、いつでも落ち着いて、混乱しないで、安定していることです。

以上、簡単に八正道を説明しましたが、具体的には「正語」から始めるといいと思います。すべてをいっぺんに実践しようとしても、できるものではありません。わかるところから始めればいいのです。一つでもしっかりと実践できれば、すべてに通じていきます。

そして、一つが完成することによって、八つがおのずと完成に向かっていくのです。

# 48

## 千のことばより一つの実行

美しくてあでやかな花でも、
香りのないものがあるように、
よく説かれたことばも、
実践しない人には実りをもたらさない。（五一）

インドの人びとにとって、花はとても大切なものです。花はご飯を食べる行為と同じように、日常生活でとても重要な役割をもっています。たんなる鑑賞のためだけではなく、神さまに捧げたり、体の健康のためにも使われるからです。

花は見た目の美しさとともに、香りが大切にされます。ジャスミンの花などはとても香りがよいので、さまざまな儀式にも使われます。また、体の調子が悪いときには体に花をつけて治したりもします。悪いエネルギーを体から外に出すために、花をお茶にしたり、ベッドに敷いたりするのです。

たとえば、ジャスミンの花でつくったレイを首にかけると目の疲れが取れます。また花の香りは心身をリラックスさせます。柔らかい自然な香りは、心を穏やかにさせ、怒りを鎮めます。

そのように、花の美しさは香りと結びつくことで、心身を癒してくれるのです。もしも、美しい花が、美しいだけでよければ造花でもよいことになります。

同じように、どんなに美しいことばでも、どんなにすばらしい真理のことばにしても、日常生活の中で役立てることができなければ、それは香りがない花のようなものです。

お釈迦さまは、「学びに努める者は、巧みに花を摘むように、真理のことばを摘み集める」とも説かれました。

一つ一つの花びらを糸でとおしたレイや、美しくアレンジされた生け花を見るのは喜びです。そのように、お釈迦さまの真理のことばが、一つ一つ日常生活のなかで実行され、それが生き方としてあらわれるならば、すばらしいことです。それをお釈迦さまは、このように述べられています。

美しくてとても洗練されたことばを厳選して、
人が感動する言葉を千以上も話しても、それはただの無駄話です。

それにたいして、たったひと言でも、

心に気づく言葉があれば、それだけで充分です。（一〇一）

真理のことばをみずから実践していくことによって、生活のなかでの気づきを深めてゆく――お釈迦さまはその大切さを繰り返し説いておられるのです。

# 49

## けっして失われないもの

白檀、ジャスミンの花の香りは
風に逆らっては広がらない。
しかし、善き人の徳の香りは
逆風にあってもひろがっていく。（五四）

世の中にあって、「いつでもどこでも通用する価値」というものは存在しません。どのような価値も、限定されたことにしか通用しません。いくらお金があっても病にかかるし、事故に遭うこともあるでしょう。いくら王様が偉大だといっても、自分の国以外では力を発揮できません。武器がたくさんあっても、戦いのときにしか使えません。スタイルがよくても、力仕事には役立ちません。空腹のときにご飯はありがたいですが、満腹のときや、お腹をこわしているときには、ありがたいとは思いません。

価値があるものを所有していても、それらはいつか自分から離れていきます。財産もいつかはなくなるし、社会的な地位もやがてなくなります。伴侶や家族もいつかは離れるし、知識があっても歳をとると忘れていきます。

わたしたちは、お金や知識や技術、肩書きなど、さまざまなものを手に入れて、日々を生きています。しかし、それらを手に入れたとしても「自分のもの」

にはなりません。すべて「自分の外」にあるものです。

また、欲しいものを手に入れるには、苦労がともないます。手に入れれば、幸福を味わいます。しかし、手に入れたことによって、自由が失われます。なぜなら、手に入れたものに執着してしまうからです。なにごとであれ、あるものを得るには、得るための苦労があります。そして、それを維持するための苦労がありまます。さらに、執着すればするほど、失うことにたいする不安が増します。そして、失えば悲しみがあります。お金があればあるほど、不安はつのります。美しい妻がいれば心配にもなるでしょう。会社での地位が上がれば、それ相応の苦労をするのです。

わたしたちは、なにかを得ることによって満たされようとしています。しかし、得ることによって満たされようとする心はとても弱いものです。財産、権力など、さまざまなものを手に入れて幸せを感ずる人は、それに「依存している」

ことを意味します。依存しているから、それを失えば苦しみを感じるのです。依存によって幸せを得ようとする人は、つぎに依存するものをさがします。そして、それにまた依存しては、失って苦しみます。そしてまた、つぎなるものをさがそうとします。人生はその繰り返しです。結局「自分のものだ」と思っていても、それらはいつかはかならず失なうことになるのです。

けれども、けっして失われないものがあります。それは、「自分といつもいっしょにいるもの」「自分から離れずに一体のもの」——「自分の人格・人徳」です。それは風が吹いても、すべての方向に薫る花のようなものです。

けっして失うことのない人格の完成。それこそが仏教の目的であり、だれもが心の奥底で求めているものなのです。お金を儲けることや有名になることが人生の目的ではないのです。どんな状況にあっても、つねに自分の人格がよい方向へ向かっているかどうかをたしかめて生きることが大切なのです。

50

## 人格の完成をめざす

一切の悪を犯さないこと。
善に至ること。
心を清らかにすること。
これが諸仏の教えである。（一八三）

仏教の教えとはなにか。ひと言で言えば「一切の悪を犯さないこと。善に至ること。心を清らかにすること」です。「なんだ、そんな簡単なことなのか。それが高度な思想なんだろうか」と思うかもしれません。しかし、仏教はあくまでも実践論です。この三つの教えを実践すれば、それが最高レベルの思想であることがすぐにわかるでしょう。それは、完全なる人格者になるための教えだからです。

「悪を犯さない」生き方を実践するには、「悪とはなにか」ということを理解しなくてはいけません。聖典や古典には、大昔からできあがった悪のリストがあります。しかし、聖典や古典に書かれているからといって、すなわち「それが悪だ」ということにはなりません。

「今、ここ」で、「わたし」が行なう行為自体が、善になるのか悪になるのか。そのつど、そのつど、つねに注意深く判断しなくてはいけません。かつて悪と見なされていたものが、現代では悪でなかったり、かつて悪ではないと思われていたことが、現代では悪になることもあります。そして、昔も今も、一貫して悪と認められる行為もあります。

悪を犯さないということは、どういうことでしょうか。それはまず、今の世の中で悪とみなされる行為は絶対に犯さないこと。そして今、この瞬間にする行為が、善になるのか、悪になるのか、つねに判断して行なうことです。

この判断をするためには、世の中の出来事について深く理解することが必要になります。つねに心の眼を開いておかなければなりません。そのことが智慧の開発につながります。

「善を行なう」という意味も同じです。しかし、なにか一つよいことを選んでそれを守るだけでは、人格は向上しません。大切なことは「善を行なう」というよりも「善に至る」ことなのです。善に至る人は、「今日は昨日よりもよい人間になろう」と励みます。そのようにして、はじめて人格の向上はたしかなものになるのです。

では、なぜ、人は悪いことをしようとするのでしょうか。なぜ、よいことを真心を込めて行なう気にならないのでしょうか。

それは、思考が乱れているからです。心が汚れているからです。自分の行為を改めるのはすばらしいことですが、心が汚れたままでは、それをやり遂げることはできません。しかし、悪を犯そうとする無知を心のなかから抜き取ってしまえば、「悪を犯さない。善を行なう」という努力さえもいらなくなります。

ですから仏教では「心を清らかにすること」を究極的な目標にしているのです。

本書の内容、その他についてのお問い合わせは、
下記宛にお願いします。
(宗）日本テーラワーダ仏教協会
〒 151-0072 東京都渋谷区幡ヶ谷 1-23-9
Tel 03-5738-5526 / Fax 03-5738-5527
URL http://www.j-theravada.net/
E-mail info@j-theravada.net

## アルボムッレ・スマナサーラ

一九四五年四月、スリランカ生まれ。一九八〇年来日。
現在、（宗）日本テーラワーダ仏教協会にて、瞑想指導と
初期仏教の伝道に従事。

# 原訳「法句経《ダンマパダ》」一日一話

平成 15 年 12 月 30 日　初版　第 1 刷発行
令和 6 年 11 月 10 日　初版　第 19 刷発行

**著者**………………アルボムッレ・スマナサーラ
**発行者**……………中沢純一
**発行所**……………株式会社 佼成出版社
〒166-8535　東京都杉並区和田 2-7-1
TEL (03) 5385-2317 (編集)
TEL (03) 5385-2323 (販売)
ホームページ　https://kosei-shuppan.co.jp/

**印刷所**……………株式会社精興社
**製本所**……………株式会社若林製本工場


ISBN978-4-333-02044-7　C0215